Frauen feiern Weihnachten

Birgit Poppe

Frauen feiern Weihnachten

INHALT

6 Alle Jahre wieder – Frauen feiern ihr Lieblingsfest
Einleitung

22 ERSTES KAPITEL
Vorfreude, schönste Freude
Basteln, Backen, Bräuche

42 ZWEITES KAPITEL
Lasst uns froh und munter sein
Auf dem Weihnachtsmarkt

52 DRITTES KAPITEL
Morgen werden wir uns freuen
Frauen im Kaufrausch

68 VIERTES KAPITEL
O Tannenbaum
Unser Weihnachtsbaum

88 FÜNFTES KAPITEL
Denkt euch, ich habe das Christkind gesehen
Weihnachtsengel als Gabenbringer

98 SECHSTES KAPITEL
Fröhliche Weihnacht am Esstisch
Das leckere Festtagsmenü

112 SIEBTES KAPITEL
Nun singet und seid froh
Die Lieder zum Fest

122 ACHTES KAPITEL
Am Weihnachtsbaum die Lichter brennen
Eine schöne Bescherung

136 NEUNTES KAPITEL
Wenn Wünsche wahr werden
Allerlei Geschenke

146 ZEHNTES KAPITEL
White Christmas
Zur Weihnachtszeit im Schnee

160 *Auswahlbibliographie und Bildnachweis*

EINLEITUNG

Alle Jahre wieder

FRAUEN FEIERN IHR LIEBLINGSFEST

*Ich werde Weihnachten in meinem Herzen ehren
und versuchen, es das ganze Jahr hindurch aufzuheben.*

CHARLES DICKENS

O Weihnachtszeit, du fröhliche, selige Zeit! Wohl die meisten Menschen freuen sich auf dieses glänzende Fest, doch zweifellos sind es die Frauen, die eine solch innige Beziehung zu Weihnachten haben. Und das nicht nur, weil es als das »Fest der Liebe« gilt. Denn die Weihnachtszeit macht sie glücklich – und kreativ. So erschaffen die Frauen von November bis Januar begeistert ihr eigenes Universum mit einem ganz besonderen Ambiente. Sie widmen sich intensiv den Vorbereitungen und Überraschungen, die mit Weihnachten verbunden sind, und beschäftigen sich mit den Wünschen ihrer Liebsten. Tatsächlich gibt es kaum ein weibliches Wesen, das nicht von dieser verheißungsvollen Zeit fasziniert ist – das fängt schon bei den kleinen Mädchen an und begleitet sie ihr ganzes Leben bis ins hohe Alter. Doch sind sie meist in der Gemeinschaft mit den Angehörigen zu sehen, mit denen sie das gemütliche Fest zusammen begehen.

Frauen lieben Weihnachten. Diese Zeit ist einfach inspirierend und regt alle Sinne an. Sie klingt nach verspieltem Kling Glöckchen klingelingeling, also nach wunderbar vertrauter Weihnachtsmusik, nach all diesen altbekannten, fröhlichen und feierlichen Liedern zum Fest. Und wie es dann überall duftet und schmeckt! Süß und exotisch, nach Vanille, Zimt und Schokolade. Nach Printen und Glühwein. Oder aromatisch und würzig wie das Tannengrün direkt aus der Natur, das als Raumschmuck dient. Auch Aromalampen und Duftkerzen haben in der Weihnachtszeit ihren großen Auftritt. Natürlichen Honiggeruch verströmen dagegen die Bienenwachskerzen. Ja, überall brennen die Kerzen hell auf den Tischen und auf den Fensterbrettern. Denn natürlich ist diese Zeit auch ein Fest für die Augen, so bunt, glitzernd und leuchtend. Zudem kommen uns gleich sehr viele Bilder in den Sinn. Weihnachten, das sind meist nostalgische Kindheitserinnerungen an freudvolle Familienfeste oder auch aktuell die Gedanken an das letztjährige Ereignis.

WEIHNACHTLICHE BILDTHEMEN

Seit der Zeit des Biedermeier sind vor allem idyllische Familienbilder ein beliebtes Motiv in Malerei und Grafik. Besonders im neunzehnten Jahrhundert finden sich viele künstlerische Zeugnisse zum Weihnachtsfest, mit dem Höhepunkt um die Jahrhundertwende. Die Bilder zeigen häufig die Frauen mit ihren Familien an den Festtagen und schildern stimmungsvoll die Bescherung am Christbaum. Typisch dafür ist das Werk des Kopenhagener Malers Viggo Johansen, der in seinem Bild *Glade Jul – Fröhliche Weihnachten* eine sehr festliche Szene mit hell leuchtendem Tannenbaum in der dunklen Weihnachtsstube illustriert. Bis auf eine ältere Frau im Hintergrund haben sich alle Personen, zwei Frauen und mehrere Kinder, an den Händen gefasst, um so innig miteinander verbunden im Kreis um den strahlenden Weihnachtsbaum zu stehen, unter dem die Geschenke liegen. Es ist ein heiterer Reigen, bei dem offenbar auch gesungen wird. Liebevoll betrachten die Erwachsenen das Staunen der Kinder. Solche Bilder voller Harmonie, Familiensinn und festem Brauchtum prägen das Weihnachtsfest bis heute.

VIGGO JOHANSEN
(1851-1935)
Fröhliche Weihnachten, 1891
PRIVATSAMMLUNG

Im vorliegenden Buch finden sich vor allem Illustrationen zu den mit dem Fest verbundenen, vielfältigen Vorbereitungen: Da wird eifrig gebastelt, gebacken und geschmückt, der Tannenbaum ausgesucht, es werden festliche Weihnachtsgrüße verschickt und viele Besorgungen gemacht. Ob allein oder in Begleitung machen sich die Frauen auf den Weg zum Einkaufen, um dann mit Geschenken die Liebsten zu überraschen. Sie bummeln warm und schick gekleidet durch die Läden oder über den Weihnachtsmarkt, der mit Kunsthandwerk und kulinarischen Köstlichkeiten lockt. Einige Bilder jener Zeit betonen die Kauflust der Menschen.

Als Höhepunkt des Festes wird die Weihnachtsbescherung geschildert. Diese findet meist am Heiligen Abend oder am Weihnachtsmorgen statt. Dafür wird mittlerweile fast überall in der westlichen Welt hingebungsvoll der Christbaum geschmückt, denn er ist mit seinen brennenden Kerzen unangefochten der Mittelpunkt des Weihnachtszimmers. Dort findet im Kreise der festlich gekleideten Familie die Bescherung statt, wobei entweder das engelhafte Christkind oder der bärtige Weihnachtsmann die Geschenke bringt. Die Frauen zeigen sich zur Weihnachtsfeier in festlicher Kleidung und strahlen mit dem Christbaum um die Wette. Dessen Licht schimmert auf den edlen Stoffen ihrer Kleider und reizte zahlreiche Künstler, diese außergewöhnlichen Effekte in ihren Bildern festzuhalten. Beim Anblick hübsch gekleideter Mädchen mag man auch an Weihnachtsengel denken. In der Belle Époque finden sich dazu noch viele elegante Porträts von vornehmen Damen.

Am Weihnachtsabend wird gesungen und manchmal sogar getanzt – natürlich sind dann nicht nur die Frauen voller Freude, sondern auch die Männer und Kinder. Doch sorgen meist Frauen für das leibliche Wohl. Fleißige Köchinnen haben das große Festessen mit dem Braten vorbereitet und bevorzugen dabei traditionelle Gerichte, deren Rezepte teils von Generation zu Generation weitergegeben wurden. Zum Weihnachtsspaziergang geht es anschließend gemeinsam hinaus in die winterliche Landschaft.

Um die Jahrhundertwende gab es unzählige originelle Illustrationen in Zeitschriften oder auffällige Plakate mit Weihnachtsthemen. Im zwanzigsten Jahrhundert änderte sich der Stil von realistischen Zeitzeugnissen hin zu expressiven und abstrahierenden Malereien. Doch eines haben all diese Bilder gemeinsam: Sie dokumentieren das Glück der Frauen an Weihnachten.

FERDINAND GEORG WALDMÜLLER
(1793-1865)
Weihnachtsmorgen, 1844

FESTTAGE AUSSER RAND UND BAND

Allerdings bleibt dieses Glück nicht immer ungetrübt, denn es sind einfach zu viele Vorstellungen mit Weihnachten verknüpft, denen gerecht zu werden nicht einfach ist. Wohl kaum ein Fest ist mit solch strengen Überlieferungen und starren Abläufen verbunden wie dieses. Tatsächlich können die Frauen daher Weihnachten nicht immer nur zwanglos genießen. Neben den Besorgungen und Vorbereitungen müssen sie sich auch um die unruhigen Kinder kümmern. Und die Kleinen können an den Festtagen schon mal ziemlich außer Rand und Band geraten, wenn es um die Geschenke geht, wie im Bild *Weihnachtsmorgen* des französischen Künstlers Paul Seignac. Da steht eine Frau im Mittelpunkt einer turbulenten Bescherungsszene in der guten Stube; sie versucht, während des Geschenkeverteilens beruhigend auf die aufgeregten Kinder einzuwirken. So reicht sie einem der Mädchen eine Puppe und hält gleichzeitig in der anderen Hand eine Kindertrommel hoch, nach der sich der kleine Junge reckt.

Offenbar sind die Kleinen gerade erst ins Zimmer gestürmt, wo sie am ersehnten Weihnachtsmorgen ihre Schuhe mit allerlei Gaben gefüllt vorfanden. Im Vordergrund des Bildes ist ein großes Durcheinander von verstreutem Spielzeug, Früchten und Nüssen auf dem Boden zu erkennen. Als ruhender Pol sitzt dagegen die Großmutter auf ihrem Stuhl und schaut recht gelassen auf die ihr vertraute Szene, die sich alljährlich so oder so ähnlich wiederholt.

PAUL SEIGNAC
(1826-1904)
Weihnachtsmorgen, 1904
PRIVATSAMMLUNG

ALPHONSE MUCHA
(1860–1939)
Weihnachten, 1903
PRIVATSAMMLUNG

DIE WERKE

Die meisten Bildzeugnisse zur Weihnachtsthematik stammen aus dem neunzehnten Jahrhundert. Doch sind viele der Künstler und Künstlerinnen, die diese Gemälde und Grafiken schufen, heute kaum mehr bekannt. Vom Biedermeier bis zur Jahrhundertwende entstanden viele eher kleinformatige Werke, die figürlich gestaltet und meist idealisiert sowie anekdotenreich dargestellt sind. Dazu gehören einige originelle Illustrationen, die in den um 1900 beliebten Familienzeitschriften veröffentlicht wurden, häufig in der reich bebilderten *Gartenlaube*.

Zu den zahlreichen häuslichen Darstellungen aus dem neunzehnten Jahrhundert, welche die Frau als Mutter mit ihren Kindern in den Mittelpunkt stellten, gab es im Gegensatz dazu um die Jahrhundertwende auch Darstellungen kapriziöser Damen, die modisch in den weihnachtlichen Kontext gesetzt wurden. Besonders auf Plakaten der Belle Époque präsentieren sich diese Frauen mit ihren kunstvollen Frisuren und Hüten zur festlichen Garderobe sehr selbstbewusst.

Solch eine elegant gekleidete Dame zierte beispielsweise den Zeitschriftenumschlag der Weihnachtsnummer von *Paris Illustré*. Das Bild im dekorativen Jugendstil, welches hier unter dem Titel *Noël 1903* veröffentlicht wurde, schuf der berühmte tschechische Künstler Alphonse Mucha. Das großformatige Porträt stammt aus seiner Reihe *Documents décoratifs* und ist typisch für den Jugendstil: Mit schwungvollen Linien und floralen Ornamenten wirkt es raffiniert dynamisch und statisch zugleich.

Im zwanzigsten Jahrhundert änderte sich schließlich der Stil von realistischen Zeitzeugnissen hin zu expressiven oder sogar abstrakten Malereien. Künstler wie Lovis Corinth oder Malerinnen wie Marianne von Werefkin und Gabriele Münter griffen ihre Weihnachtsmotive mit flotten, flüchtigen Pinselstrichen und ungewöhnlich farbenprächtig auf. Entsprechend malte Münter ihr *Interieur mit Weihnachtsbaum*: Zentral im Vordergrund des Bildes präsentiert die Künstlerin auf einem kleinen runden Tisch im Wohnzimmer das noch nicht ganz fertig geschmückte Christbäumchen. An den weiß dekorierten Zweigen befinden sich farbige Kerzen und allerlei Baumschmuck, bunte Kugeln oder Früchte liegen auf der im Licht hellblau schimmernden Tischdecke bereit. Im Hintergrund des Zimmers ist eine weibliche Gestalt in rötlichem Gewand zu sehen, offenbar die Künstlerin selbst, die in der Türöffnung steht und einen Blick auf den Christbaum wirft.

Möglicherweise spiegelt Gabriele Münter sich aber auch beim Malen der Szene. Inmitten der Weihnachtsvorbereitungen will sie gleichzeitig die festliche Stimmung im Raum einfangen. Das Bild ist aus der Zeit, als die Künstlerin zusammen mit Wassily Kandinsky in München und Murnau für den *Blauen Reiter* aktiv war. Typisch für diese Phase ist neben der ausgesprochenen Farbigkeit der auffällig lockere Pinselstrich. Doch vom zwanzigsten Jahrhundert bis heute dominieren statt Gemälden vor allem vielfältige Illustrationen zum Fest. So finden sich viele Grafiken und Fotografien, ob besinnlich oder lustig, auf Weihnachtskarten und in Zeitschriften sowie in der Werbung.

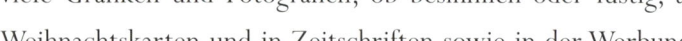

GABRIELE MÜNTER
(1877–1962)
Interieur mit Weihnachtsbaum
PRIVATSAMMLUNG

DAS BUCH

Es gibt so viele schöne Bildbeispiele zum Thema *Frauen feiern Weihnachten*, dass es wahrlich nicht leicht war, eine Auswahl zu treffen. Religiöse Szenen der Madonna mit dem Jesusknaben und weitere Krippenszenen kommen in diesem Buch nicht weiter vor, denn die Vielzahl solcher Bilder würde einen eigenen Themenschwerpunkt bilden und damit den Rahmen sprengen. Stattdessen handelt es sich bei den Malereien und Grafiken vor allem um Porträts und Genredarstellungen, die realistisch und fantasievoll, mal ernst, mal amüsant vielerlei Szenen rund um Weihnachten beschreiben. Auch wenn diese historisch sind, erkennen wir die Situationen heute noch wieder.

Beim Titel *Frauen feiern Weihnachten* erscheinen uns sicherlich gleich zahlreiche Bilder vor dem inneren Auge. Über die Familien am Gabentisch und am Christbaum hinaus gibt es hier nun auch viele Darstellungen, die sich der Vorfreude in der Adventszeit und den Vorbereitungen der Frauen widmen. Denn trotz allem gehört zum Weihnachtsfest auch viel

Arbeit. Die ist zeitaufwendig, doch diese Zeit opfern sie gern für das Ergebnis glücklicher Gesichter. Seltener sind die Frauen übrigens allein auf den Bildern zu sehen, sondern meist mit ihren Familien oder mit ihren Geschlechtsgenossinnen vereint. Einige Beispiele konzentrieren sich besonders auf die jungen Mädchen, wird doch in ihrer Kindheit bereits der Weihnachtsfunke entfacht. Und spätestens, wenn die ersten Blätter fallen, heißt es dann wieder: *Freut euch Frauen – Lasst uns Weihnachten feiern!*

ERSTES KAPITEL

Vorfreude, schönste Freude

BASTELN, BACKEN, BRÄUCHE

An den Fenstern haben Frauen
Buntes Spielzeug fromm geschmückt ...
JOSEPH FREIHERR VON EICHENDORFF (AUS: *WEIHNACHTEN*)

Es wird Weihnachten! Mein ganzes Haus
riecht schon nach braunem Kuchen ...
THEODOR STORM

EINE FLEISSIGE DAMENRUNDE

Bei mildem Kerzenschein sitzt in dieser stimmungsvollen Szene eine Damenrunde bei ihren Handarbeiten. Das Bild *Ein Weihnachtskränzchen vor hundert Jahren* malte der Künstler Werner Zehme, der aus Hagen stammte und in Berlin und München tätig war. In den 1890er Jahren arbeitete er auch für die damals populäre Zeitschrift *Die Gartenlaube*, ein Magazin, das aufgrund seiner anregenden Texte und Bilder besonders gern von Frauen gelesen wurde. Schon damals war es offenbar beliebt, die Vergangenheit zu verklären. So spiegelt dieses Werk nicht etwa die Zeit des Künstlers wider, sondern ist ein historischer Rückblick in die Epoche des Klassizismus.

Diese »gute alte Zeit« lässt Zehme mit seiner festlichen Darstellung eines Damenkränzchens des achtzehnten Jahrhunderts wiederaufleben. Der Tannenbaum im Hintergrund leuchtet zwar noch nicht, ist aber ein Hinweis auf die Weihnachtszeit. Der Innenraum mit den fleißigen Frauen wird durch die Kerzen in ein romantisches Licht getaucht. Weich schimmert es auf den Gesichtern und auch teils auf den Kleidern der vier jungen Frauen, die sich gewissenhaft auf ihre Stickarbeiten konzentrieren. Doch auch zum Plaudern bleibt genügend Zeit, wie man an der jungen Frau im rosa Kleid sehen kann, die sich ihrer Nachbarin im blauen Kleid zugewandt hat, um ihr etwas zu erzählen. Musik und Gesang unterhalten die Damen am Tisch. Mit ihrem Notenblatt hat sich eine Sängerin ihnen zugewandt. Begleitet wird sie von einer Klavierspielerin im Hintergrund, die ganz in ihre Partitur versunken ist. Die Musik unterstreicht das feierliche Ambiente.

WERNER ZEHME
(1859-1924)
*Ein Weihnachtskränzchen
vor hundert Jahren, um 1890*

DIE LAUSCHERIN AN DER TÜR

Wohl heimlich sind diese vier Frauen mit ihren weihnachtlichen Vorbereitungen beschäftigt. Wenn jemand nun plötzlich zur Tür hereinkäme und ihre Handarbeiten sähe, wäre ja leider die ganze Überraschung dahin! Das muss also ausdrücklich verhindert werden, wie man in diesem Bild *Weihnachtsgeheimnisse* sehen kann, ein Holzstich, der nach der Zeichnung von Hans Gabriel Jentzsch angefertigt wurde. Dieser Künstler stammte aus Löbtau bei Dresden, ehe er 1890 nach München zog, wo er mit seinen Werken große Erfolge feierte. Fast dreißig Jahre lang arbeitete er für die sozialdemokratische Satirezeitschrift *Der wahre Jacob*. Seine beliebten Werke wirken stets sehr authentisch, sie sind originell und anekdotenhaft.

So zeigt er hier in einer spannenden Momentaufnahme, wie die Frauen einen unerwünschten Besucher am Eindringen hindern wollen. Eine der Damen hat deshalb ihre Tätigkeit unterbrochen und lauscht an der Zimmertür. Steht da etwa jemand vor ihrem Raum? Vermutet sie einen der Männer oder neugierige Kinder? Pssst! Eine Hand an die Lippen gelegt, mahnt sie die anderen Frauen, sich möglichst still zu verhalten. Ihre Gespräche oder auch ihr Lachen mag Neugierige angelockt haben. Der andere Arm der Lauscherin liegt unter der Klinke und drückt fest ans Holz, sodass sie die Tür zuhalten kann, falls jemand sie öffnen will.

Die Stimmung im Raum ist aufgrund der Situation zwar etwas angespannt, bleibt aber auch heiter und geschäftig. So ist die blonde Frau, die mit dem Rücken zur Tür sitzt, weiterhin sehr konzentriert in ihre Stickarbeit versunken. Dagegen haben die beiden anderen Frauen – eine auf der Eckbank am Webrahmen, die andere am Tisch mit einer Puppe auf dem Schoß – ihre Tätigkeiten kurz unterbrochen und schauen wachsam zur Tür. Im Vordergrund liegt neben einigen Schachteln, Paketen und Einwickelpapier noch eine Puppe auf Stoff drapiert auf dem Boden. Es handelt sich offenbar um Geschenke für den Gabentisch.

HANS GABRIEL JENTZSCH
(1862–1930)
Weihnachtsgeheimnisse, 1895

LUCIEN METIVET
(1863-1930)
Illustration für Le Rire, 1898

ICH STEH' AN DEINER KRIPPE HIER

Nicht nur in der Gruppe, sondern auch allein zu werkeln oder – wie hier – mit Farben zu hantieren macht den Frauen in der Adventszeit Spaß. In vielen Haushalten gehört es zu den wichtigen Weihnachtsvorbereitungen, eine repräsentative Krippe unter dem Tannenbaum aufzustellen. Diese fristet übers Jahr meist ihr Dasein in einer Kiste im Keller oder einem Schrank, die erst in der Vorweihnachtszeit wieder herausgeholt wird, damit die Figuren aufgestellt werden können. Doch vorher werden sie einer genauen Prüfung unterzogen, ob sie eventuell überarbeitet werden müssen. Oder handelt es sich hier sogar um eine neue selbstgebastelte Krippe?

Die karikaturistische Zeichnung des Pariser Grafikers Lucien Metivet widmet sich 1898 zur Zeit des Jugendstils diesem Thema für die Kunst- und Satirezeitschrift *Le Rire*. Vor einer stilisierten, ornamentalen Kulisse sitzt eine Frau, die eine Schürze trägt, auf einem Kissen auf einer Bank und bemalt ihre Krippenfiguren. Auf einer Kommode befinden sich entsprechende Farbtöpfe dafür. Auf dem Tischchen vor ihr ist die Weihnachtskrippe aufgebaut. Die größte Figur ist ein Engel mit goldgelbem Heiligenschein und langen Flügeln, der alle anderen Figuren überragt. Er steht vor dem offenen Stall neben Ochs und Esel, die Heilige Familie im Stall ist nur zu erahnen, daneben befinden sich die Hirten. Nahe der Tischkante und der Bastlerin zugewandt kniet einer der Heiligen Drei Könige mit seinen Gaben. Die nächste Figur, die sie bemalen will, hat sich die Frau schon in den Schoß gelegt, aber ihre Konzentration gilt nur der in ihrer Hand und der akribischen Pinselei. Ihre ausgesprochene Hingabe an diese Tätigkeit wird von Metivet, einem der berühmtesten Illustratoren der Belle Époque, augenzwinkernd etwas überspitzt dargestellt – um die Betrachterinnen und Betrachter zu amüsieren.

JOHN CALLCOTT HORSLEY
(1817–1903)
Weihnachtskarte, 1843

FRAUEN SCHREIBEN WEIHNACHTSKARTEN

Neben Basteln und Malen ist bei den Frauen in der Vorweihnachtszeit auch das Kartenschreiben sehr beliebt. Das Verschicken von Weihnachtspost zählt bis heute zu den traditionellen Bräuchen. Auch wenn es das Internet mittlerweile jedem leicht macht, virtuelle Grüße zu versenden, hat die Weihnachtskarte noch lange nicht ausgedient: Jedes Jahr im Herbst erlebt sie ihr Comeback, denn sie findet immer noch viele Käufer – und vor allem Käuferinnen. Es gibt sie nämlich weiterhin, die schreibfreudigen Frauen, die gerne Zeit darauf verwenden, in den Läden schöne Karten mit weihnachtlichen Motiven wie Kerzen, den Gabenbringern oder winterlichen Landschaften zu finden, ob anrührend oder lustig. Manche Frauen gestalten ihre Weihnachtskarten sogar selbst. Und die Empfänger freuen sich, wenn an sie gedacht wird.

Es war der Engländer Sir Henry Cole (1808-1882), der im Jahre 1843 auf die Idee zu solcher Art Weihnachtsgruß kam. Der englische Staatsbeamte, der später auch für die erste Weltausstellung in London verantwortlich war, galt als sehr innovativ bezüglich Neuerungen in Wirtschaft, Kultur und Postwesen. Cole wurde der »Erfinder« der Weihnachtskarte und vergab den Auftrag für einen Entwurf an den britischen Künstler John Callcott Horsley. Das Ergebnis war eine dreiteilige Grafik mit dem Bild einer gutsituierten Gesellschaft im Mittelteil. Die Paare sitzen mit erhobenen Weingläsern an einer Tafel und prosten dem Betrachter zu. Vor ihnen liest man die Glückwünsche zu Weihnachten und zum neuen Jahr. Die Seitenteile zeigen dazu Szenen mit Menschen, die Bedürftige mit Essen und Kleidung beschenken.

Diese Karte, deren erste Auflage nur eintausend Exemplare betrug, war noch handkoloriert. Ein Jahrzehnt später gab es in den USA die ersten Karten, die in einem Druckverfahren entstanden. Zum Durchbruch der Weihnachtskarte aber kam es erst mit der Einführung der einfachen Postkarte um 1870. Während sich in England und den USA diese Art des Weihnachtsgrußes schnell durchsetzte, dauerte es in Deutschland noch bis zur Jahrhundertwende.

GUSTAV ADOLF KIEKEBUSCH
(1861–VOR 1927)
Mit vereinten Kräften (Weihnachtsbäckerei),
um 1890

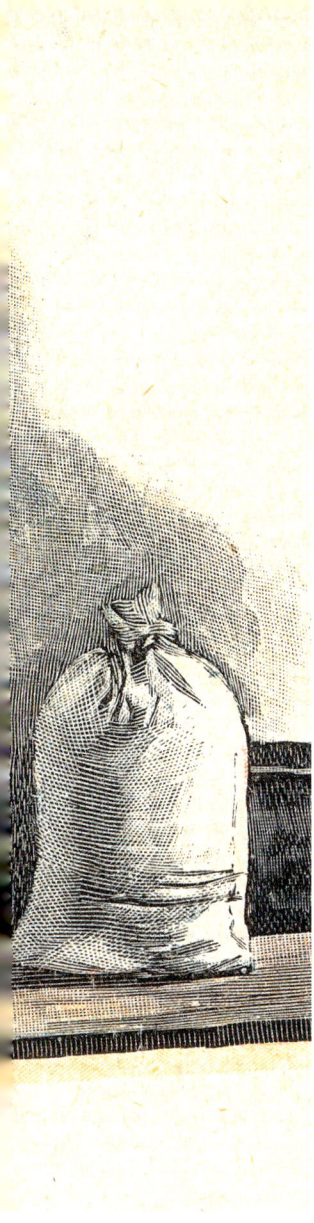

IN DER WEIHNACHTSBÄCKEREI

In den Familien wurden meist alle, ob groß, ob klein, bei den Küchenarbeiten eingespannt. Das Bild *Mit vereinten Kräften* zeigt Frauen und Kinder tatkräftig bei der häuslichen Weihnachtsbäckerei. Diese Zeichnung schuf der Maler, Zeichner und Volksschullehrer Gustav Adolf Kiekebusch um 1890 für die Bilderserie *Der liebe Weihnachtskuchen*. Alle sind hier gern bereit, bei den Vorbereitungen mitzumachen, unter Anleitung der Großen helfen auch die Kleinen. Und jeder macht das, was er kann.

Zwei Frauen stehen mit ihren Backutensilien im Mittelpunkt und werden von den eifrigen Kindern unterstützt. Selbst das Jüngste steht vor dem Stuhl einer der Bäckerinnen und will ihr beim Rühren helfen. Diese sitzt, die Schürze umgebunden und den Schneebesen in der Hand, mit einem kleinen Topf, in dem sie hantiert, im Vordergrund. Die andere Frau steht hinter dem Tisch mit einer Reibe und schabt Zitronenschale auf ein Brett. An der Stirnseite des Tisches arbeitet ein größeres Mädchen konzentriert mit einem Wiegemesser. Ihre jüngere Schwester schaut interessiert zu den anderen und greift dabei in eine Tüte. Auf dem Tisch steht noch eine größere Schüssel, während sich im Vordergrund auf einem Brett zwei verschieden große, runde Backformen und ein weißer Mehlsack befinden. Hier wartet noch viel Arbeit!

BACKE, BACKE KUCHEN

Backe, backe Kuchen, der Bäcker hat gerufen …« An dieses sehr alte, populäre Kinderlied mag man bei dieser heiteren Szene denken, in der eine Frau zu sehen ist, die mit ihren Kindern und allerlei Gerätschaften auf eine Bäckerei zustrebt. Tatsächlich war es damals üblich, dass der Bäcker nach dem Fertigstellen seiner eigenen Backwaren den Frauen laut verkündete, dass sie die Restwärme seines Ofens für ihre Kuchen nutzen konnten. In früherer Zeit war es in den Küchen der meisten Haushalte nämlich noch gar nicht möglich, für Weihnachten zu backen. Daher mussten die Frauen mit ihren vorbereiteten Teigen zum Bäcker gehen, der für ihre Backwerke den geeigneten Ofen besaß.

Eine solche Szene, die nach der Zeichnung von Georg Schöbel entstand, war bis weit ins zwanzigste Jahrhundert hinein nicht ungewöhnlich, sondern eher alltäglich. Der Berliner Künstler wurde als Historienmaler bekannt, illustrierte aber auch Kinderbücher. Diese Szene vor einer Bäckerei trägt auch den Titel *Der Weihnachtskuchen*.

Eine Frau ist mit ihren drei Töchtern und verschiedenen Utensilien auf dem verschneiten Weg zum Bäcker. Fast haben sie ihn schon erreicht, frohgemut erklimmen sie die Stufen zur Backstube. Vorneweg eilt die Mutter mit zwei hölzernen Brettern unter den Armen, dicht neben ihr befindet sich eines der Mädchen, welches eine Kuchenform hält. Fürsorglich haben sie sich zu ihren beiden Nachzüglern umgedreht, wo das ältere Mädchen mit der Schüssel die Jüngste an die Hand genommen hat. Mit großen Augen schaut die Kleine, die ihre Puppe hinter sich her schleift, ihre Schwester vertrauensvoll an. Oben vor seinem Laden steht strahlend der Bäcker im Türrahmen und freut sich händereibend auf seine Kundschaft. Es wird ihm ein Vergnügen sein, den Weihnachtskuchen zu vollenden. So heißt es denn in *Backe, backe Kuchen* zum Schluss: *Schieb, schieb in'n Ofen rein.*

GEORG SCHÖBEL
(1860-1930)
Der Weihnachtskuchen (Szene vor einer Bäckerei), 1887

DIE SACHE MIT DEM MISTELZWEIG

Romantische Sehnsüchte weckt in England als Weihnachtsdekoration der Mistelzweig, denn es ist schon lange fester Brauch, sich unter dem Mistelzweig zu küssen. Mittlerweile findet er sich ebenso in Skandinavien oder Frankreich und gewinnt vielerorts zunehmend an Beliebtheit. So zählen Mistelzweige, die mit einem schönen Band draußen am Türrahmen oder in der Stube an der Decke aufgehängt werden, vielerorts zum festen Bestandteil der Weihnachtszeit. Das freute besonders die Frauen in der viktorianischen Zeit, als es noch sehr strenge Benimmregeln gab und öffentliche Liebesbezeugungen eigentlich nicht erlaubt waren. Trifft sich also ein Paar in der Weihnachtszeit unter solch einem Mistelzweig, ob geplant oder nur zufällig, wird ein Kuss gefordert, der nicht abgelehnt werden darf. Das gilt jedoch nur, solange Beeren am Strauch sind, denn nach jedem Kuss wird eine davon gepflückt.

Natürlich ist die immergrüne Pflanze mit den weißen Beeren auch deshalb beliebt, weil sie etwas Farbe ins Haus bringt. Der sagenumwobenen Mistelpflanze werden geheimnisvolle Kräfte zugesprochen. Sie ist ein Glückssymbol und steht für Gesundheit und Fruchtbarkeit, zudem soll sie die Menschen beschützen und Unheil sowie böse Geister abwenden.

Manchmal sind das Bildthema die sich küssenden Paare unter dem Mistelzweig, noch öfter werden die jungen Frauen beim Aufhängen des Mistelstrauchs dargestellt. So malte Dante Gabriel Rossetti 1860 das Bild *Den Mistelzweig aufhängen*. Dieser britische Dichter und Maler zählte zu den Präraffaeliten, die sich gegen die akademischen Traditionen ihrer Zeit wandten. Sie favorisierten die Kunst der Renaissance und der Romantik, um mythische Bilder voll tief empfundener Religiosität zu schaffen und verführerische Schönheiten darzustellen. Rossetti regt mit diesem romantischen Porträt einer jungen, verträumten Frau die Phantasie an. An was mag sie wohl beim Aufhängen des Mistelzweigs denken? Erhofft sie sich einen Kuss von ihrem Liebsten? Das sinnliche Gemälde gehört in eine ganze Reihe Bildnisse schöner Frauen, Rossettis Lieblingsmotiv in seinen letzten zwanzig Schaffensjahren.

DANTE GABRIEL ROSSETTI
(1828–1882)
Den Mistelzweig aufhängen, 1860
PRIVATSAMMLUNG

LIZZIE MACK
(1867-1902)
Unter dem Mistelzweig
PRIVATSAMMLUNG

EIN BRAUCH FÜR GLÜCK UND LIEBE

Angeblich bringt der Mistelzweig den Paaren Glück – und die Liebe hält ewig. Doch kann der Brauch, der auch einfach nur Zuneigung ausdrückt, auf alle Familienmitglieder ausgeweitet werden. In Lizzie Macks Kinderbild *Unter dem Mistelzweig* hofft wohl schon das kleine Mädchen ganz unschuldig auf einen liebevollen Kuss. Ihr langes weißes Festkleid erinnert bereits an das einer jungen Braut. Der üppige buschige Mistelzweig umrahmt den Kopf der Kleinen wie eine Krone. Es ist für sie ein herrliches Spiel: Das Mädchen lächelt erfreut und hoffnungsvoll, weiß es doch, dass es jetzt geküsst werden darf.

LOUIS JOHN RHEAD
(1857-1926)
WERBEPLAKAT FÜR
SCRIBNERS, 1895

CARL LARSSON
(1853-1919)
*Das Fest der Heiligen Luzia am 13.
Dezember, 1916*

DIE LICHTERKÖNIGIN

Ebenso im weißen Gewand, aber dazu noch mit einer Lichterkrone auf dem Kopf, schreitet ein Mädchen mit einem Tablett in den Händen feierlich durch ein Schlafzimmer. Das Ziel der jungen Frau ist ein Bett mit einer schlafenden Person, der sie das Frühstück servieren will. In dem Kranz, den sie im Haar trägt, lodern brennende Kerzen, die Dochte tanzen bei ihren Bewegungen. Hell strahlen die weißgelben Flammen dieser besonderen Krone im dämmrigen Raum. Es handelt sich bei dem Mädchen um die »Lichterkönigin« anlässlich des Luzia-Festes. Dieses Ereignis wird vor allem in Skandinavien, wo es in Europa die meisten dunklen Stunden gibt, traditionell am 13. Dezember gefeiert. Denn bis 1753 war die Luzia-Nacht nach dem alten Kalender die längste Nacht des Jahres. Danach erst wurde der Zeitpunkt der Wintersonnenwende auf den 21./22. Dezember festgelegt. Mit dieser langen Nacht verband der alte Volksglaube mystische Ereignisse, sie war gefährlich, weil dann angeblich übernatürliche Kräfte ihr Unwesen trieben.

Nur das Licht, das die Dunkelheit durchbrach, konnte davor schützen. So steht ausdrücklich an diesem Tag das Licht im Mittelpunkt. Luzia trägt es auf dem Kopf und hält meist noch eine Kerze in der Hand. Wohl jedes Mädchen möchte einmal in die Rolle der Heiligen Luzia schlüpfen und mit der Lichterkrone die »Lichterkönigin« repräsentieren.

Dieses besondere Fest schilderte der schwedische Maler Carl Larsson in einem stimmungsvollen Morgenbild. Zur Tradition gehört dazu, dass die Lichterkönigin zum Bett des Hausherrn schreitet, um ihm ein süßes Frühstück zu bringen. Sie hält ein Frühstückstablett mit Porzellangeschirr in ihren Händen und will die noch schlafende Person damit überraschen. Im Hintergrund sind zwei weitere Mädchen zu sehen, von denen eines – wenn auch nicht mit Lichtkrone, sondern mit einer Schleife im langen Haar – ihrer Schwester wohl ebenfalls ein Tablett gebracht hat, auf dem zwei Kerzen leuchten.

ZWEITES KAPITEL

Lasst uns froh und munter sein

AUF DEM WEIHNACHTSMARKT

*Weihnachten war's; durch alle Gassen scholl
Der Kinderjubel und des Markts Gebraus ...*

THEODOR STORM

WERNER ZEHME
(1859-1924)
Unsere Großmütterchen auf dem Weihnachtsmarkt, 1892

EIN BUMMEL ÜBER DEN WEIHNACHTSMARKT

Natürlich wünschen sich die Frauen trotz allem Stress der Adventswochen viel Zeit für einen gemütlichen Bummel über den Weihnachtsmarkt, um allein oder mit ihren Freundinnen das bunte Angebot zu genießen. Es ist einfach schön, die prachtvollen Dekorationen und die mehr oder weniger nützlichen Kleinigkeiten in Augenschein zu nehmen, ob Holzschnitzereien, Glaswaren und Bienenwachskerzen oder Blechspielzeug und Christbaumschmuck. Es lassen sich dort schöne Dinge für die Weihnachtszeit kaufen. Das wussten auch schon die beiden jungen Frauen, die vergnügt über den Weihnachtsmarkt bummeln. Sie sind die Hauptpersonen in einer Zeichnung des Künstlers Werner Zehme, der in den 1890er Jahren viele nostalgische Zeichnungen für Zeitschriften wie die *Die Gartenlaube* anfertigte. Wie öfter dokumentierte er in seinem Werk keine damals zeitgenössische, sondern eine historische Szene. Daher trägt es auch den Titel *Unsere Großmütterchen auf dem Weihnachtsmarkt*.

Tatsächlich aber werden keine älteren Damen, sondern junge Frauen vorgestellt, nämlich die »Großmütter« seiner Generation, wie sie um 1815 ausgesehen haben. Sie trugen, wie hier zu sehen, für die damalige Zeit sehr modische Kleider mit auffallenden Kragen und weitgeschnittene Röcke mit verzierten Volants. Diese waren anders als vorher nur noch knöchellang, sodass die Schuhe der Frauen darunter hervorschauten. Dazu gehörten weite, umhangähnliche Mäntel und Pelerinen. Auffällig sind zudem die großen Schutenhüte in ausladenden Formen, die mit einem Band unter dem Kinn befestigt wurden. Diese Kopfbedeckungen, die sich aus der bürgerlichen Mode des Rokokos entwickelten, galten seit 1800 als besonders schick. Sie waren charakteristisch für die Biedermeierzeit und zur Entstehung der Zeichnung längst wieder unmodern.

Die beiden jungen Damen stehen sich offensichtlich sehr nah und genießen das Gefühl, zu zweit an den geschmückten Buden vorbei zu flanieren und ausgiebig zu schauen und etwas einzukaufen. Sie waren diesbezüglich wohl auch schon erfolgreich, denn sie halten einige Päckchen in ihren Händen. Zufrieden schauen sie einander an, mit einem leichten Lächeln eilen sie heiter und beschwingt zusammen weiter. Im Hintergrund sind noch zwei weitere Frauen am Verkaufstresen einer Bude auszumachen, die geschäftig ihre Köpfe zusammenstecken. Wahrscheinlich suchen auch sie sich gerade etwas Schönes aus.

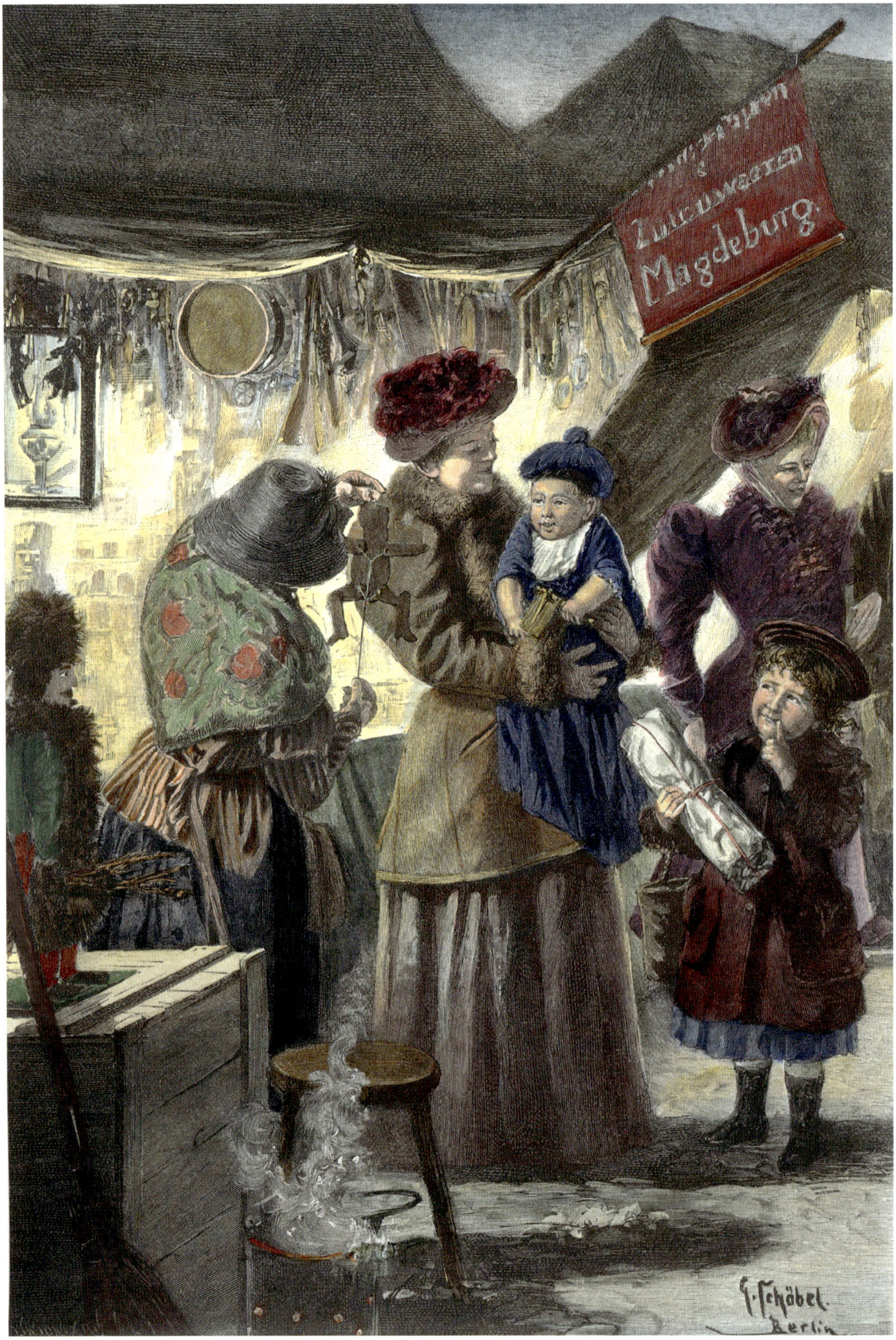
Magdeburg.
G. Schäbel.
Berlin

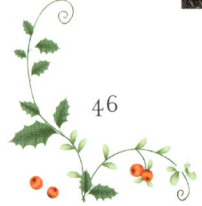

DER ERSTE WEIHNACHTSMARKTBESUCH

Auf dem Weihnachtsmarkt gibt es viele wundersame Dinge zu entdecken. Und die Großen sind erpicht darauf, diese auch den Kleinen vorzuführen, möglichst schon in frühem Alter, wenn solch ein Ambiente noch stark magisch wirkt. So schilderte der Berliner Illustrator und Historienmaler Georg Schöbel, zu dessen Vorbildern der Realist Adolph Menzel gehörte, in seiner naturgetreuen Darstellung ein besonderes Ereignis, das sich in der Dunkelheit vor einem der Verkaufsstände zutrug. Dazu verwendete er in seiner Grafik kunstvolle Licht- und Schatteneffekte. Den Künstler machten übrigens auch seine Darstellungen für Kinderbücher bekannt.

Vor einem der erleuchteten Stände hält eine elegant gekleidete Frau ihr Kleinkind auf dem Arm. Liebevoll und leicht amüsiert betrachtet sie dessen Reaktionen, denn – laut Bildtitel – ist es *Zum erstenmal auf dem Weihnachtsmarkt*. Für diesen Ausflug wurde das Kind richtig fein gemacht: Zum blauen Gewand mit weißem Lätzchen trägt es ein passendes blaues Mützchen mit einer Bommel. In der Hand hält das Kleine eine Rassel, ein damals sehr beliebtes Spielzeug. Frau und Kind stehen mit anderen Passanten vor einer der Buden, die für Kinder allerlei Überraschungen bereithalten. So fällt der Blick des Kleinen auf die Frau, die vor ihm steht und einen Hampelmann vorführt. Sie zieht an den Schnüren, damit die beweglichen Glieder der hölzernen Puppe auf und ab hüpfen – das Kind hat natürlich seine Freude daran. Die Frau, vermutlich die Verkäuferin, verzückt mit ihrem Spiel auch ein kleines Mädchen, das mit einer hellen Paketrolle im Arm danebensteht. Andächtig hat es den Finger an den Mund gelegt, weil es so gebannt von der Vorführung ist. Diese Weihnachtsmarktbude mit Waren aus Magdeburg, wie die rote Fahne am Stand verrät, hat noch andere Spielsachen im Sortiment. Mysteriös und bizarr wirkt dagegen im Vordergrund eine Figur im Schatten, bei der es sich wohl um einen großen Nussknacker handelt. Auch er ist der Szene zugewandt und scheint sie sich offenbar anzuschauen.

GEORG SCHÖBEL
(1860–1930)
Zum ersten Mal auf dem Weihnachtsmarkt, um 1890

TREFFEN SICH ZWEI MÜTTER

Eine besondere Begegnung zweier ganz unterschiedlicher Frauen auf dem Berliner Weihnachtsmarkt schilderte der deutsche Maler, Grafiker und Schriftsteller Richard Knötel. Der bedeutende Historienmaler fertigte auch Zeichnungen für Zeitschriften und später Sammelbilder für den Kölner Schokoladeproduzenten Ludwig Stollwerck an. Ende des neunzehnten Jahrhunderts war er nach Berlin gekommen, wo er bald das Buch *Die Kriegsheere Europas* illustrierte. Danach gestaltete er mit dem Historienmaler Carl Röchling das Kinderbuch *Der Alte Fritz in fünfzig Bildern für Jung und Alt*, worauf entsprechend 1896 das künstlerische Kinderbuch *Die Königin Luise – In fünfzig Bildern für Jung und Alt* folgte, das die hier gezeigte Zeichnung enthielt.

Sie illustriert ein zufälliges Gespräch zweier Frauen auf dem Weihnachtsmarkt, die sich aufgrund ihrer unterschiedlichen Schichtzugehörigkeit normalerweise nie getroffen und unterhalten hätten. Doch auf dem Weihnachtsmarkt, dies soll uns zumindest dieses Bild suggerieren, ist wohl alles möglich. Zugleich betont es die Volksnähe und die Großzügigkeit der Königin. Die beiden Frauen stellen zudem im Gespräch schnell fest, dass sie beide Mütter von Söhnen sind, was sie miteinander verbindet. Der Text unter dem Bild erklärt die besondere Situation: »Die Königin pflegte mit ihrem Gemahl in jedem Jahr auch den Berliner Weihnachtsmarkt zu besuchen. Eines Tages bemerkte sie, an einen Tisch herantretend, wie eine Bürgersfrau, die Ankunft der hohen Herrschaften bemerkend, ehrerbietig von denselben zurücktreten will. ›Stehen bleiben, liebe Frau!‹ rief ihr die Königin freundlich zu, ›was würden die Verkäufer sagen, wollten wir ihnen die Käufer verschrecken?‹ Dann, als die Frau sich mit mütterlichem Stolze eines Sohnes rühmte, der mit dem Kronprinzen in einem Alter sei, kaufte die Königin mehrere Spielsachen für den Knaben und legte dieselben mit den Worten in den Korb der jungen Mutter: ›Nehmen Sie, liebe Frau, und bescheren Sie das Spielzeug Ihrem Kronprinzen im Namen des meinigen.‹«

RICHARD KNÖTEL
(1857-1914)
*Königin Luise von Preußen auf dem
Weihnachtsmarkt in Berlin, 1896*

BILD NÄCHSTE DOPPELSEITE:
KARL WENZEL ZAJICEK
(1860-1923)
*Weihnachtsmarkt auf dem Platz
Am Hof, Wien, 1908*

DRITTES KAPITEL

Morgen werden wir uns freuen

FRAUEN IM KAUFRAUSCH

*Schenke herzlich und frei.
Schenke dabei was in dir wohnt
An Meinung, Geschmack und Humor,
So dass die eigene Freude zuvor
Dich reichlich belohnt ...*

JOACHIM RINGELNATZ (AUS: *SCHENKEN*)

CHRISTMAS SHOPPING IN NEW YORK

Diese Szene vom Weihnachtseinkauf spielte sich um 1890 auf der Grand Street in New York City ab. Sie zeigt die Frauen geschäftig im abendlichen Licht auf den Straßen zum *Christmas Shopping*. Frauen bilden die Mehrheit der Passanten, und wenn kein Mann sie begleitet, sind sie in weiblicher Gesellschaft – eine Frau allein auf den Straßen, das schickte sich damals nicht. Und wahrscheinlich sind die gleichgesinnten Freundinnen auch geduldiger beim ausgiebigen Schauen und Anprobieren.

Für diesen Einkaufsbummel haben sich die Frauen ausgesprochen schick gemacht – denn es heißt: Sehen und gesehen werden! – und tragen aufwendige Garderoben mit modischen Hüten. Nun aber bleiben die Frauen vor den Geschäften immer wieder neugierig an den Schaufenstern stehen, um die Auslagen zu betrachten. Wie verführerisch ist das Angebot, denn es gibt hier viel edlere Waren als auf dem Marktplatz, vor allem aber auch erschwinglichen Luxus. Die neuen Warenhäuser waren zudem architektonisch einladend gestaltet. Meist handelte es sich um weitläufige Räumlichkeiten und lichtdurchflutete Hallen, dazu besaßen sie prunkvolle Fassaden und große Schaufenster. Viel Wert legte man auch auf die Wirkung von Lichteffekten. Aufgrund dieser ästhetischen Besonderheiten bezeichnete der französische Schriftsteller Émile Zola diese neuen Konsumtempel als »Kathedralen des Handels«. Damals war die Präsentation der Waren in den Geschäften bei künstlichem Licht noch eine Sensation. Zur Entstehungszeit dieses Bildes gab es hauptsächlich Gaslampen, elektrisches Licht kam erst nach 1900 auf.

Weihnachtseinkäufe auf der
Grand Street in New York, 1890

PETER CHARLES
GEOFFREY JACKSON
(1922–2003)
Viktorianische Weihnachtsszene

LONDONER RUSH-HOUR

Zur Weihnachtszeit ist damals wie heute auf den Straßen ganz schön was los. So viele Menschen wollen in den Stadtzentren ihre weihnachtlichen Besorgungen machen. In dieser historischen Londoner Szene aus der Viktorianischen Zeit regelt noch jemand höchstpersönlich mit weit ausgestreckten Armen den Verkehr mit den Kutschen. Der Verkehrspolizist stellt sich schützend vor die über die Straße hastenden Menschen und stoppt so die herannahende Pferdebahn. Dieses Fahrzeug ist vollbesetzt, einige der Herren sitzen mit ihren warmen Schals sogar oben auf dem Dach der Bahn.

Im Vordergrund ist eine Frau zu sehen, die mit einem Paket im einen Arm und einem Kind am anderen über die Fahrbahn eilt. Dabei scheint sie jedoch ganz in Gedanken versunken zu sein und kaum auf den Verkehr um sie herum zu achten. Die weiten Röcke gerafft, um schneller gehen zu können, eilt sie mit dem zögerlichen Jungen, der seine Hand unter ihren Arm geschoben hat, über die dick verschneite Straße. Hilfreich kehrt vor ihr ein Mann mit einem Besen den Schnee vom Weg. Der Junge trägt schwer an den Einkäufen, einem großen rosaroten Geschenkpaket, einem türkisfarbenen Beutel und einem offenen Korb, aus dem das Geflügel für das Weihnachtsessen herausschaut. Der Künstler betonte die quirlige Geschäftigkeit in London in der Vorweihnachtszeit.

Auch wenn sich in London seit dem neunzehnten Jahrhundert eine rasante gesellschaftliche und technische Entwicklung vollzog, liebten die Städter des zwanzigsten Jahrhunderts die verklärten Rückblicke auf die »gute alte Zeit«. Daher veröffentlichte der englische Illustrator Peter Charles Geoffrey Jackson von 1949 bis 1980 jeweils mittwochs in der *London Evening News* solche leicht humoristisch angehauchten, historischen Szenen aus der Londoner Innenstadt. In seiner farbenfrohen Weihnachtsszene zeigte er die Viktorianische Epoche im neunzehnten Jahrhundert, die Zeit der Industriellen Revolution, nach der die Wirtschaft zu florieren begann.

EUGENE GALIEN-LALOUE
(1854–1941)
*Geschäftiger Boulevard in der Nähe
der Place de la République, Paris*

AUF DEN PARISER BOULEVARDS

In Paris bummeln die Menschen ebenfalls bis weit in den Abend hinein über die breiten Boulevards. Es muss doch immer noch so viel vor den Festtagen besorgt werden! Doch selbst wenn es die Passanten eilig haben und sich keine Muße erlauben können, bremst in dieser Szene der vereiste Schnee ihre schnellen Schritte. Der französische Künstler Eugène Galien-Laloue, der zu den Post-Impressionisten zählt, widmete sich in seinen Werken neben ländlichen Motiven vornehmlich Pariser Straßenszenen.

Nach den architektonischen Umgestaltungen der Stadt ab Mitte des neunzehnten Jahrhunderts unter Baron Haussmann entwickelten sich die belebten Boulevards zu einem beliebten Bildthema in der sogenannten Belle Époque, der Zeit von etwa 1880 bis zum Beginn des Ersten Weltkriegs. Damals begann für alle eine hoffnungsvolle neue Ära, man träumte optimistisch vom Aufbruch, denn Wissenschaft und Technik machten immense Fortschritte. So ist in diesem Bild hinter den Fußgängern bereits eine elektrische Straßenbahn zu erkennen. Auch die Kultur mit Kunst und Musik hatte einen hohen Stellenwert im Leben der Großstädter. Paris hat eine lange Kaufhaustradition, und der Konsum bekam ein immer größeres Gewicht.

Der Künstler Galien-Laloue hielt diese prickelnde, geschäftige Stimmung der Belle Époque in zahlreichen kleinformatigen Gouachen voller Licht und Atmosphäre fest. Schillernd und doch auch authentisch dokumentierte er das großstädtische Pariser Leben.

LADY'S PACKESEL

Die vielen Pakete der Weihnachtseinkäufe sind meist recht unhandlich und schwer. So freuen sich die Damen, wenn sie bei ihren umfangreichen Weihnachtsbesorgungen tatkräftige männliche Unterstützung haben. Zumindest demonstrieren das einige Bilder des neunzehnten Jahrhunderts wie die Darstellung des britischen Künstlers Gordon Browne, der in London studierte und als einer der wichtigsten Illustratoren seiner Zeit für Zeitschriften und Kinder- und Jugendbücher galt.

Seine Darstellung der eleganten Lady Belinda lässt uns schmunzeln, weil zu sehen ist, wie sorglos diese Dame auf ihrer Einkaufstour stapelweise Pakete sammelt. Das Bild zeigt eine Frau, deren gute Garderobe mit Hut und Muff aus Pelz ihren hohen gesellschaftlichen Status und ihr Modebewusstsein repräsentiert. Zudem hält sie eine Lorgnette, eine Stielbrille mit zwei Gläsern, als Sehhilfe in der Hand. Während sie nun arglos auf dem Bürgersteig weiter voranschreitet, hat der junge Mann hinter ihr schwer an all ihren Einkäufen zu schleppen. Sie aber merkt gar nicht, dass ihre männliche Begleitung von der Last der vielen Teile sichtlich überfordert ist. Fast scheint der junge Mann mit den Geschenkpaketen jonglieren zu müssen, um nur ja keins fallenzulassen. Sein Gesicht ist hinter den Paketen kaum zu sehen, und aufgrund der akrobatischen Verrenkung fällt ihm gleich der Zylinder vom Kopf. Er ist gerade erst aus dem Geschäft herausgetreten und befindet sich fast noch auf der Türschwelle. Man fragt sich amüsiert, wie er es überhaupt bewältigen will, der flotten Dame mit seiner Last zu folgen. Der ältere Mann hinter ihm schaut ihnen jedoch zufrieden lächelnd nach. Vermutlich handelt es sich um den Ladeninhaber, bei dem die Frau so großzügig eingekauft hat.

GORDON FREDERICK BROWNE
(1858-1932)
*Lady Belinda beim Einkaufen
ihrer Weihnachtsgeschenke*

ADRIEN EMMANUEL MARIE
(1848-1891)
Weihnachtsgeschenke.
Illustration aus Paris Illustré, 1886

NOCH MEHR WEIHNACHTSGESCHENKE

Noch im Türrahmen eines Geschäfts steht wiederum eine elegante Dame, die in ihrem pelzbesetzten Mantel den Laden verlässt, in dem sie gerade eingekauft hat. Es sind laut Bildtitel ebenfalls ihre *Weihnachtsgeschenke*, die so betitelte Illustration für die Zeitschrift *Paris Illustré* des Franzosen Adrien Emmanuel Marie entstand 1886. Zweifellos zeugt das verschnürte Päckchen davon, welches die Dame in ihren Händen hält. So vorsichtig wie sie es an die Brust drückt, mag etwas Kostbares oder Zerbrechliches darin sein.

Die Frau ist in Begleitung eines blondgelockten Mädchens, das vor ihr auf die Straße tritt. Das Kind trägt ein noch größeres, rechteckiges Paket, mit seiner rechten Hand umfasst es sorgsam die Paktschnur. Doch seine Aufmerksamkeit gilt der Puppe in der anderen Hand, die wie das Mädchen gut gekleidet ist. Stolz betrachtet das Mädchen sie und achtet nicht auf ihre etwa gleichaltrige Person auf dem Bürgersteig, die wartend vor dem Geschäft steht. Dieses Mädchen ist recht ärmlich gekleidet. Es hat einen Korb mit kleinen Blumensträußen am angewinkelten Arm, in der anderen Hand hält es eines der Blumengebinde zum Verkauf bereit. Wahrscheinlich hofft es, davon etwas an die wohlhabende Kundschaft des Ladens verkaufen zu können. Die Weihnachtsgeschenkpakete der beiden Kundinnen mögen sie gerade in diesem Geschäft erworben haben.

Im Laden gibt es offenbar Spielwaren, einige davon werden im Schaufenster ausgestellt. Den Schwerpunkt bildet das Puppensortiment, aber es gibt auch eine Elefantenfigur und kleine Segelboote, bunte Bälle hängen außen an der Tür. Im unteren Fenster reihen sich viele verschieden Puppen aneinander. In kunstvollen Gewändern stehen sie dort mit Ausrichtung zur Straße, um die Käufer anzulocken. So geht auch der sehnsuchtsvolle Blick des Blumenmädchens auf die Puppe, denn solch ein schönes Spielzeug wird es sich nicht leisten können.

TANZ DER PUPPEN

Schon immer ging es an Weihnachten natürlich auch ums Geschäft. Und in früheren Zeiten mussten zum Teil bereits die Kinder zum Lebensunterhalt der Familien beitragen. Diese Dame, die der Berliner Ernst Heilemann malte, ist laut Bildtitel *In der Großstadt* unterwegs. Der Maler und Grafiker arbeitete erfolgreich als Zeichner für bedeutende Zeitschriften der Jahrhundertwende wie *Die Jugend* oder *Simplicissimus*. Seine Werke, die durch Authentizität und Berliner Witz bestachen, wurden mit denen Heinrich Zilles verglichen.

Zu Heilemanns Themen gehörten neben dem Badevergnügen in den Ostseebädern auch jahreszeitlich bedingte Ansichten der Großstadt.

Die hier dargestellte Frau hat bereits einige Weihnachtsgeschenke eingekauft, wie die Pakete unter ihrem Arm bekunden. Auf ihrem weiteren Weg umringt sie lebhaft eine Kinderschar, die ihr anscheinend selbst gebastelte Puppenfiguren zum Verkauf anbietet. Die Kleinen hegen große Hoffnung, dass die wohlhabende Frau, die doch offenbar Weihnachtspräsente aussucht, ihnen etwas abkauft. So halten sie auffordernd ihre beweglichen Figuren hoch, um sie nachdrücklich anzupreisen. Die Frau lächelt gutmütig und schaut gerührt auf das jüngste Mädchen, das in ein warmes Tuch gewickelt und mit einem Deckelkorb vor ihr steht und ihr eine kleine Holzfigur anbietet. Wahrscheinlich lässt sie sich durch deren entzückenden Anblick erweichen, denn Weihnachten ist ein Fest der Kinder und auch der Nächstenliebe.

ERNST HEILEMANN
(1870–1936)
In der Großstadt, um 1900

JAMES COLLINSON
(1825–1881)
Auf dem Basar (Die leere Geldbörse)
PHILADELPHIA MUSEUM OF ART

DIE LEERE GELDBÖRSE

O ja, die Warenangebote locken nicht nur an Weihnachten, dann aber besonders! In den Läden oder wie hier auf dem Basar gibt es viele verlockende Angebote zu entdecken, Blumen und Hüte, edle Flakons, auch einiges an Nippes und mehr. So ist für jede Käuferin das Passende dabei. Insbesondere wenn sie auf der Suche nach hübschen Geschenken ist. Das war auch im neunzehnten Jahrhundert schon so, in der diese Szene spielt. Doch sind diese Dinge natürlich nicht kostenlos. Und ehe man sich versieht, ist die Geldbörse leer …

Dies demonstriert uns eine junge Dame, die vor dem Verkaufstisch eines Basars steht und ihr leeres Portemonnaie vorzeigt. Im Moment wird sie sich mit ihren Wünschen etwas bescheiden müssen. Dabei macht sie aber weder ein verschämtes noch ein trauriges Gesicht. Wahrscheinlich muss sie sich um ihre finanzielle Lage keine Sorgen machen, denn ihrer Kleidung nach zu urteilen stammt die Frau aus wohlhabenden Verhältnissen. Zum modischen Kleid mit glockenförmiger Krinoline und gerüschten Schößchen trägt sie ein leuchtend rotes Tuch, das sie zu einer auffälligen Schleife gebunden hat.

Der Engländer James Collinson malte um 1857 dieses eindrucksvolle Frauenporträt, ein historisches Zeitzeugnis der viktorianischen Epoche. Bei einer Ausstellung in der Royal Academy of Arts in London wurde der Maler von Dante Gabriel Rossetti entdeckt, der ihn 1848 zum Gründungsmitglied der Präraffaelitischen Bruderschaft machte. Diese einflussreiche Künstlervereinigung, die bis 1853 existierte, bezog sich mittels ergreifender Frauenbildnisse auf eine mythische Vergangenheit. Als dieses Bild entstand, hatte sich Collinson von den Präraffaeliten aber schon wieder entfernt. Sein Porträt wirkt intensiv, aber auch sehr lebensnah.

VIERTES KAPITEL

O Tannenbaum

UNSER WEIHNACHTSBAUM

*Was aber ist ein Weihnachtsabend
ohne jenen Baum mit seinem Duft
voll Wunder und Geheimnis.*
THEODOR STORM

Wohl kaum eine Frau, die sich nicht jedes Jahr besonders auf ihren Christbaum freut! Weihnachtliches Dekorieren der Wohnung ist zwar schon in der Adventszeit angesagt, aber die Krönung ist dann doch der Tannenbaum im Haus. Egal, ob er stolz vom Boden bis zur Decke ragt und das Weihnachtszimmer ausfüllt oder ob es sich nur um ein kleines Bäumchen auf dem Gabentisch handelt. Vor allem aber muss er schön geschmückt sein! Denn nur dann sind die Frauen glücklich und ist das Fest gelungen.

Natürlich mögen sich auch viele Männer auf einen prächtigen Christbaum freuen, aber für die Frauen kann er regelrecht zur Passion werden. Dies beginnt beim Aussuchen der »richtigen« Tanne und endet noch lange nicht, wenn die letzte kunstvolle Kugel hängt. Nein, der Christbaum muss an Weihnachten festlich im vollen Lichterglanz erstrahlen, dann leuchten nicht nur die Augen der Kinder, sondern eben auch die der Frauen.

WEIHNACHTSBAUMKAUF AUF DEM CHRISTMARKT

Ein französisches Bild aus dem neunzehnten Jahrhundert erzählt vom munteren Treiben auf einem Weihnachtsmarkt irgendwo in Deutschland. Auf dem verschneiten Platz reiht sich ein Verkaufsstand an den anderen, wobei die dort hängenden Waren im diffusen Licht der illuminierten Buden nur zu erahnen sind. Davor drängen sich die kauffreudigen Weihnachtsmarktbesucher, die sich auch für die Christbäume interessieren. So bieten, wie im Vordergrund zu sehen, die Weihnachtsbaumverkäufer ein reiches Sortiment unterschiedlicher Tannen für das Fest an und beraten ihre Kundschaft. Links sind die gut gewachsenen Bäume in unterschiedlichen Größen aufgereiht. Ein elegant gekleideter Herr mit feschem Zylinder begutachtet gerade den größten Baum, ein Prachtexemplar für ein großes Zimmer, den ihm ein Händler hoch aufgerichtet präsentiert. Davor schauen sich zwei Damen, vielleicht Mutter und Tochter, einen kleinen Baum an, den ihnen die Verkäuferin zeigt. Ihrer Haltung kann man nicht entnehmen, ob sie von diesem Exemplar tatsächlich überzeugt sind. Dagegen trägt ein Junge im Vordergrund schon einen ausgewählten kleinen Tannenbaum auf seiner Schulter davon.

Weihnachtsmarkt in Deutschland,
19. Jahrhundert

BILD NÄCHSTE DOPPELSEITE:
DAVID JACOBSEN
(1821–1871)
Der Weihnachtsbaumverkauf, 1853
PRIVATSAMMLUNG

GEORG SCHÖBEL
(1860-1930)
*Weihnachtsbaumverkauf
(Berliner Weihnachtsmarkt), 1893*

Seit Mitte des neunzehnten Jahrhunderts gab es auf den Weihnachtsmärkten der großen Städte sogar Christbäume mitsamt buntem Schmuck zu kaufen. Bereits 1837 beschrieb die britische Romanautorin und Reiseschriftstellerin Frances Trollope (1779-1863) in ihren Texten ihre Eindrücke in Wien, wo sie »an jeder Straßenecke« Frauen jeglichen Standes sah, die mit buntem Papier herausgeputzte Christbäume »jeder Größe und für jeden Preis kauften«.

KRITISCHE BEGUTACHTUNG

Wer sich keinen Tannenbaum direkt aus dem Wald holen kann, begibt sich zu einem Stand auf dem Weihnachtsmarkt. Und da gilt: Wer die Wahl hat, hat die Qual. Welcher Baum soll es sein? Eine Fichte oder eine Edeltanne? Soll er groß oder eher klein sein? Lang und schlank oder lieber dicht und kompakt? Da spielen sicherlich die Erfahrungswerte der letzten Jahre eine Rolle. Auch muss der Käufer die Größe einschätzen. Der Weihnachtsbaumverkäufer steht geduldig daneben, während seine Kundschaft die Bäume begutachtet und beratschlagt. Die einen sind fündig geworden, die anderen wägen noch ab, es wird debattiert und gehandelt – solch ein wichtiger Kauf will wohlüberlegt sein.

Am liebsten sind die Frauen deshalb beim Einkauf dabei, um das Aussuchen selbst in die Hand nehmen zu können, denn in ihren Augen haben die Männer doch meist andere Vorstellungen als sie. Wer kennt das nicht, dass es zu Hause ansonsten später Ärger um den Baum gibt, der nicht groß genug oder zu schief gewachsen sein mag. Künstler, die das Motiv des *Weihnachtsbaumverkaufs* wählten, stellten daher auch die Frauen in den Vordergrund. Wie hier in Georg Schöbels gleichnamigem Werk, wo sich auf dem Berliner Weihnachtsmarkt eine Dame vom Händler einen seiner Tannenbäume ganz genau zeigen lässt. Er hat ihn sogar ein wenig zur Seite gekippt, damit seine Kundin den Wuchs kontrollieren und auch die unteren Zweige sehen kann. Die Frau hat sich ein wenig vorgebeugt und prüfend die Hand ausgestreckt. Wahrscheinlich weiß sie schon genau, wie sie ihren Christbaum schmücken will.

DRAUSS' VOM WALDE ...

In früheren Zeiten holten sich viele ihre Weihnachtsbäume direkt aus dem Wald. Das bot doch die größte Auswahl und man fand die frischesten und schönsten Exemplare! Bald schon war das aber nicht mehr erlaubt. Bereits im sechzehnten Jahrhundert gab es Proteste dagegen, einfach die Tannen im Wald abzuschlagen oder sich Zweige abzuschneiden. Es folgten die ersten Verbote und Strafen. So wurde angeblich sogar einmal Johann Wolfgang von Goethe wegen »Waldfrevels« angeklagt, nachdem er sich auf diesem Weg zum Fest eine Fichte besorgt hatte. Seit Mitte des neunzehnten Jahrhunderts war es üblich, dass die Weihnachtsbäume aus eigens für diesen Zweck angelegten Fichten- und Tannenschonungen kommen.

Weihnachtsbaumverkäufer, 19. Jahrhundert

Diese Szene eines uns heute unbekannten Künstlers zeigt eine Familie, die mit den Kindern in einer waldreichen Winterlandschaft unterwegs ist, um sich dort draußen ihren Christbaum zu besorgen. Die Männer haben dafür einen Spaten dabei und tragen die frisch geschlagenen Tannen auf dem Rücken davon. Erwartungsvoll schauen hier im Vordergrund die Männer die Frau an, ob ihr dieser Baum recht ist. In der Regel werden zum Weihnachtsfest Tannen, Fichten oder andere Nadelbäume genommen. Diese immergrünen Gewächse gehören zu den ältesten Pflanzen überhaupt und sind seit jeher als Weihnachtsbaum beliebt.

DER SCHÖNSTE WEIHNACHTSBAUM

Für die Ausstattung des Weihnachtszimmers fühlen sich meist die Frauen verantwortlich. Nicht, dass die Männer sich nicht auch über einen weihnachtlich dekorierten Raum mit Christbaum und Geschenketisch freuen, aber sie überlassen es gern den Damen, für das entsprechende Ambiente zu sorgen. Mit viel Elan und großem Enthusiasmus stürzen sich die Frauen auf diese wunderbare Aufgabe. Sie haben da ihre genauen Vorstellungen und lassen sich diese Vorbereitungen auch nur ungern aus der Hand nehmen. Ehrgeizig streben besonders die weiblichen Wesen mit dem »Projekt Christbaum« ein stimmiges Gesamtkunstwerk an und haben dabei ihre ganz eigenen Ideen, wie er in diesem oder jenem Jahr aussehen soll.

So zeigen die meisten Darstellungen – auch wenn sie oft von Mann und Kind unterstützt werden – vor allem Frauen beim Dekorieren. Wie auch in diesem Bild aus den 1920er Jahren, wo eine Frau im Weihnachtszimmer mit ihrer Arbeit fast fertig ist. Ungeachtet des meist recht stacheligen Grüns hängt sie den Tannenbaumschmuck ins Geäst – polierte Äpfel und glänzende Kugeln, weihnachtliche Figuren, Spielzeug und Süßigkeiten.

Dekoration eines Weihnachtsbaums, 1920

GUSTAV FECKERT
(1820–1899)
Vor Weihnachten (Junge Frau beim Schmücken des Weihnachtsbaums), um 1860
nach Gemälde von Ernst Bosch

APFEL, NUSS UND MANDELKERN

Äpfel als weihnachtlicher Baumschmuck sind schon lange bekannt und beliebt. In diesem Bild von Ernst Bosch, einem Vertreter der Düsseldorfer Malerschule, widmet sich eine junge Frau konzentriert dem Schmücken des Christbaumes. Es zeigt sie beim Polieren der rotbackigen Äpfel, damit diese prächtig glänzen. Bei den roten Äpfeln handelte es sich wie bei den roten Schleifen und den goldenen Nüssen um alte Symbole, die schon aus den Paradiesspielen bekannt waren. Bereits seit dem siebzehnten Jahrhundert schmückte man den Christbaum mit Essbarem wie Äpfel, Nüssen und Gebäck oder den damals noch sehr kostbaren Süßigkeiten. Deshalb wurden die Christbäume früher auch »Fressbäume« genannt. Das Schmücken des Tannenbaumes gehört zu den bekanntesten Weihnachtsbräuchen. Kleine Holzfiguren und Engel ergänzten bald den Baumschmuck. Oder auch selbstgebastelte Strohsterne, die als Sinnbilder für das Stroh aus der Krippe und den Stern von Bethlehem stehen. Zudem wird die Weihnachtskrippe unter dem Baum aufgestellt, spielte sie doch lange Zeit als zentrales Weihnachtssymbol die Hauptrolle.

Die Spitze des Baumes zierte ebenfalls ein Stern, manchmal auch ein Engel oder eine kunstvolle Glasspitze. Im Mittelpunkt standen bald schon glänzende Glaskugeln, die die Äpfel symbolisierten. Die Glasbläser aus dem thüringischen Lauscha entwickelten sie, in dem sie ihre Schmuckperlen vergrößerten. Die bald schon sehr begehrten Christbaumkugeln gingen ungefähr seit 1840 in Produktion. Häkchen aus Messing ermöglichten, dass sie an die Bäume gehängt werden konnten. Daraus entwickelten sich dann noch neue Glaskreationen wie Glocken, Baumspitzen, Vögelchen und andere Tiere. Seit Ende des neunzehnten Jahrhunderts schmückte Lametta den Christbaum, um glitzernde Eiszapfen zu symbolisieren. Diese alten Traditionen haben sich bis heute gehalten.

FREUDE BEI DEN VORBEREITUNGEN

Die weihnachtlichen Vorbereitungen für den Heiligen Abend waren immer wieder ein beliebtes Bildthema. So wurde Robert Beyschlags Aquarell *Unter dem Weihnachtsbaum* 1892 als Farblithografie in der reich bebilderten Zeitschrift *Die Gartenlaube* veröffentlicht. Die Werke des Münchener Genremalers standen stilistisch zwischen Biedermeier- und Gründerzeit und vermitteln sehr viel Zeitgeist.

Sein Bild zeigt eine Mutter und eine Großmutter, die die gute Stube für die Bescherung ausstaffieren. Blickfang ist auch hier der geschmückte Tannenbaum auf dem Tisch. Er präsentiert sich schon im festlichen Gewand mit Kerzen, bunten Kugeln und Früchten an den Zweigen. Die Jüngere der Frauen, die links vom Tisch steht, fügt dem Baumschmuck gerade noch einen dekorativen Zapfen hinzu. Dabei umspielt ein leichtes Lächeln ihre Lippen, wahrscheinlich stellt sie sich schon die strahlenden Gesichter der Kinder vor dem leuchtenden Christbaum vor. Ebenso erwartungsfroh wirkt die ältere Dame, die im Vordergrund am Tisch sitzt und ihrer Tochter eine Puppe zeigt. Auf dem Schoß hält sie die längliche Schachtel, der sie das Spielzeug entnommen hat. Vor ihr steht eine geöffnete Holzkiste, in der noch einige Tierfiguren zu erahnen sind. Stolz präsentiert sie das rotgekleidete Puppenkind, das sie als Geschenk unter den Baum legen wird.

ROBERT BEYSCHLAG
(1838–1903)
Unter dem Weihnachtsbaum, 1892

EIN HEIMLICHER BLICK

Nun wechseln wir einmal die Perspektive und dürfen mit den Augen eines Kindes einen heimlichen Blick aus dem Dunkel des Hausflures auf den Tannenbaum im geheimnisvoll erleuchteten Weihnachtszimmer erhaschen. Dieser kleine Lockenkopf hat sich wohl nachts neugierig aus seinem Schlafzimmer geschlichen, um nicht zu verpassen, was in der guten Stube vor sich geht. Vorsichtig schiebt der Junge den Vorhang etwas zur Seite, um besser ins Zimmer hineinlugen zu können. Doch muss er dabei ganz leise sein, um nicht erwischt zu werden. In gespannter Haltung geht sein Blick durch den geöffneten Spalt, wo man im goldgelben Licht eine Frau, wahrscheinlich die Mutter, beim Schmücken des Christbaums sehen kann.

Der Weihnachtsbaum, von dem hier nur wenig zu erkennen ist, fungiert trotzdem als Hauptattraktion des Bildes. Geschaffen hat das Werk die amerikanische Illustratorin Jessie Willcox Smith aus Philadelphia in Pennsylvania, die vor allem Plakate und Grafiken für Zeitschriften sowie Kinder- und Jugendbücher erstellte. Ihren Stil bezeichnet man als »Romantischen Realismus«. Mit den beiden Künstlerinnen Elizabeth Shippen Green und Violet Oakley gehörte sie zu den »Red Rose Girls«. Es gelingt ihr in außergewöhnlicher Weise durch eine raffinierte Lichtführung und die besondere Perspektive eine andächtige Stimmung zu kreieren, die auch die Bildbetrachter ergreift.

JESSIE WILLCOX SMITH
(1863–1935)
Der Blick durch den Vorhang
PRIVATSAMMLUNG

ALBERT CHEVALLIER TAYLER
(1862-1925)
Der Weihnachtsbaum, 1911
PRIVATSAMMLUNG

WIE GLÄNZT ER FESTLICH, LIEB UND MILD

Viele der weihnachtlichen Kunstwerke erklären den reich geschmückten Christbaum zum leuchtenden Zentrum des Bildes. Dabei sind oft Frauen zu sehen, die dem Baum noch den letzten Schliff geben. Egal, ob sie ihn schmücken oder die Kerzen anzünden, es soll ja alles perfekt sein. Auch in dieser Darstellung ist es eine Frau, die in die Zweige greift, möglicherweise, um dort eine Kerze geradezurücken.

Das feierliche Bild einer großen Familie, die sich um den Weihnachtsbaum versammelt hat, stammt von dem britischen Spätimpressionisten Albert Chevallier Tayler, der sich um 1900 auf dem Höhepunkt seiner Karriere befand. Er war Mitglied der Newlyn School, einer bedeutenden Künstlerkolonie in Cornwall. Seine Spezialität war die Genremalerei, authentisch schilderte er das einfache Leben in den Fischerdörfern sowie romantische Szenen. Bereits 1881 ließ er sich bei einem Aufenthalt in Paris zu einem lichtvollen Stil inspirieren. In dieser Szene illustriert er den Weihnachtsabend einer kinderreichen Familie. Es ist ein Idealbild, das Menschen verschiedenen Alters zeigt, die voller Harmonie gemeinsam das Weihnachtsfest feiern. Am Fenster sitzt ein Mädchen bei einer Frau mit einem Säugling, wobei diese Szene mit Mutter und Kind an die Heilige Familie erinnern mag. In der Zimmerecke hat es sich der Großvater in Gesellschaft eines Jungen in einem Lehnstuhl gemütlich gemacht. Der Knabe ist mit seinem neuen Spielzeug beschäftigt und zieht eifrig am Band seines kleinen hölzernen Pferdes auf Rädern. Doch die meisten Kinder sitzen um den prächtig leuchtenden Weihnachtsbaum. Verträumt schauen vor allem die Mädchen auf die strahlenden Kerzen.

FÜNFTES KAPITEL

Denkt euch, ich habe das Christkind gesehen

WEIHNACHTSENGEL ALS GABENBRINGER

*Hallo Kinder, hört, ich denke
bald bringt's Christkind die Geschenke.
Jedes Jahr zur Weihnachtszeit
kommt's im schönsten Sternenkleid.
Auf der großen Himmelsleiter
steigt's herab und reist gleich weiter,
um im Schein der Weihnachtskerzen
zu verzaubern Kinderherzen.*

ALFONS PILLACH

O SELIGE NACHT

So mag man sich das Christkind in Aktion vorstellen: Es ist Winter, tiefe Nacht und überall sehr still, weil die Menschen schlafen. Da kommt das Christkind als Weihnachtsengel mit großen Schwingen vom Himmel, um die Menschen mit seinen Geschenken zu beglücken. Das Feenwesen trägt ein zart fließendes, fast transparentes helles Gewand. Es sitzt unbeobachtet auf dem Rand des Schornsteins eines der Häuser und hält den Arm voller Geschenke, die es in den Kamin wirft. Über ihm spannt sich der nachtblaue Himmel, an dem silbrig die Sterne funkeln.

Diese magische Szene mit dem Titel *Weihnachtsabend* stellt im neunzehnten Jahrhundert das Christkind als geflügeltes Wesen dar. Kreiert hat die mystische Darstellung der 1832 in Straßburg geborene Gustave Doré. Er kam früh nach Paris, wo er als Maler, Grafiker und sogar als Bildhauer sehr angesehen war. Er illustrierte zahlreiche Klassiker der Weltliteratur von Dantes *Göttlicher Komödie* über Edgar Allan Poes unheimliche Gedichte bis hin zu romantischen Märchen. Seine große Fantasie zeigte sich in außergewöhnlich poetischen Bildvisionen mit originellen und grotesken Wesen, ob amüsante Fabelwesen oder düstere Monster. Doré verwendete dabei feine Details und subtile Hell-Dunkel-Kontraste, seine Szenen spielen bevorzugt in magischem Licht. So schuf er sehr emotionale Bilder voller Tiefe und Kraft. Damit inspirierte Doré, ein Zeitgenosse Manets, die späteren Surrealisten, vor allem Salvador Dalí oder Max Ernst. Seine feinen, bizarren Werke faszinieren bis heute. So wie diese fantastische Darstellung, in der sich über den schneebedeckten Dächern einer Stadt, vermutlich Paris, Märchenhaftes ereignet.

GUSTAVE DORÉ
(1832–1883)
Weihnachtsabend
MUSEE D'ORSAY, PARIS

DER TROMPETENENGEL

Weihnachtsengel sind nicht immer nur zart und still, sondern können auch selbstbewusst und laut sein. Im Bild des schweizerisch-französischen Künstlers Eugène Samuel Grasset bläst ein hübscher rotlockiger Engel kräftig in seine Trompete. Sein Schöpfer war ein Künstler der Belle Époque und ein Vorreiter des Jugendstils. Er kam 1871 nach Paris und entwarf nicht nur Illustrationen und Plakate, sondern widmete sich auch der angewandten Kunst, der Architektur, Möbeln, dem Kunstgewerbe und Schmuck.

Dieses energiegeladene Bild zierte 1890 das Deckblatt der Weihnachtsausgabe des *Harper's Magazine*, eines renommierten internationalen Modemagazins aus den USA. Für ein weibliches Wesen wirkt dieser Engel robust und in seiner Haltung sehr beeindruckend entschlossen. Tatsächlich hat er eine wichtige Botschaft zu verkünden, und die heißt »Christmas«. Solche Engel mit Blechblasinstrumenten sind übrigens ein beliebtes Thema in der Kunst. Diese »Posaunenengel« beziehen sich auf die Luther-Übersetzung des Neuen Testaments, denn da wird die Stimme Gottes als Posaunenton beschrieben. Die musizierenden Engel treten meist mit einer Tuba auf.

EUGÈNE GRASSET
(1845–1917)
Trompete spielender Engel
WEIHNACHTSPLAKAT FÜR
HARPER'S MAGAZINE, 1890

ÜBER DEN WOLKEN

Auch auf dieser englischen Weihnachtskarte bewegt sich das Christkind im langen, fließenden Gewand und mit großen Flügeln über die weißen Wolken am blauen Firmament. Es liegt nicht fliegend in der Luft, sondern wandert leichtfüßig durch die himmlische Welt, um mit seinen Gaben zu den Menschen auf der Erde zu gelangen. In der einen Hand hält es einen kleinen Weihnachtsbaum mit brennenden Kerzen, in der anderen einen ausladenden flachen Korb, der gut gefüllt ist. Vor allem die roten Äpfel leuchten blankpoliert, obenauf liegt ein geheimnisvolles grünes Paket. So entsprechend ausgestattet kommt das Christkind zu den Menschen, um sie zu bescheren. In manchen Darstellungen befindet es sich schon direkt vor dem Haus. Dabei ist die Ankunft des Christkindes immer überraschend, aber stets auch spektakulär.

Weihnachtsengel
ENGLISCHE WEIHNACHTSKARTE,
20. JAHRHUNDERT

MIT KNECHT RUPRECHT UNTERWEGS

Durfte das Christkind in früheren Zeiten sowohl schenken als auch strafen, so hatte es später zur tatkräftigen Unterstützung und besonders für den unangenehmen Teil der »Züchtigung« oft einen männlichen Gesellen dabei. Den nannte man Knecht Ruprecht, und er erscheint in Deutschland meist als düstere, Furcht einflößende Gestalt in dunkler Kutte. Dazu besitzt er eine Rute, um damit die unartigen Kinder zu bestrafen. Knecht Ruprecht ist seit dem sechzehnten Jahrhundert auch als Gehilfe des Heiligen Nikolaus bekannt, der bereits in der Nacht zum 6. Dezember die Kinder besucht und beschenkt. Manchmal hat er daher auch eine gewisse Ähnlichkeit mit dem Weihnachtsmann und hilft dem Christkind, die Geschenke zu transportieren, die für das zarte Wesen viel zu schwer wären.

So trägt Knecht Ruprecht in dem Bild der Weihnachtskarte *Knecht Ruprecht und das Christkindlein*, die um 1900 nach einem Aquarell des Münchener Künstlers Paul Hey entstand, einen großen gefüllten Sack auf dem Rücken. Mit einem Wanderstab stapft er durch den Schnee zur nächsten Ortschaft im Tal, deren Kirchturm schon von weitem zu erkennen ist. Dazu zieht er das Christkind auf einem Schlitten hinter sich her durch die Nacht. Als kleiner Weihnachtsengel mit Heiligenschein sitzt es im weißen Hemd und vor einem beleuchteten Tannenbäumchen, von dem es angestrahlt wird. Mittels seiner Lichtregie kreierte Hey eine außergewöhnlich poetische Stimmung.

PAUL HEY
(1867–1952)
*Knecht Ruprecht und
das Christkindlein*
BILDPOSTKARTE

SECHSTES KAPITEL

Fröhliche Weihnacht am Esstisch

DAS LECKERE FESTTAGSMENÜ

Weihnachten kommt die Gans auf den Tisch
Im Pfännlein ...

FRIEDRICH RÜCKERT

NUR EINMAL IM JAHR

Traditionen sind unverzichtbar an Weihnachten, besonders beim Essen. So gibt es in den meisten Familien an den Feiertagen die Gerichte, auf die sich früher schon die Eltern und Großeltern freuten. Selbst in schlechten Zeiten versuchten die Hausfrauen, den familiären Bräuchen gerecht zu werden oder zumindest etwas Außergewöhnliches auf den Tisch zu bringen, denn nur *Einmal im Jahr ist Weihnachten*. So heißt denn auch ein Bild von Charles Green aus dem Jahr 1896, das solch ein Festessen zeigt (siehe folgende Doppelseite).

Hier hat sich erwartungsvoll die große Familie um die lange Tafel versammelt, von der Großmama vorn am Kopfende, den Großpapa neben sich, bis zum Hausherrn am anderen Kopfende mitsamt den Kindern und Enkeln, um gemeinsam das Weihnachtsmahl zu genießen. Jetzt ist der festliche Augenblick gekommen, an dem die beiden Hausmädchen mit ihren Schürzen und Häubchen das Essen auftragen. Einige der Familienmitglieder sind zwar angeregt in ihre Gespräche vertieft, doch viele interessierte Blicke gelten dem Servierteller mit dem Christmas Pudding.

JAMES CLARK
(1858-1943)
Weihnachten, 1902
PRIVATSAMMLUNG

BILD NÄCHSTE DOPPELSEITE:
CHARLES GREEN
(1840-1898)
Einmal im Jahr ist Weihnachten, 1896

CARL LARSSON
(1853-1919)
Am Weihnachtsabend, um 1904

DAS WEIHNACHTSBUFFET IN SCHWEDEN

Zu Weihnachten steht auch in Schweden das üppige Festessen mit seinen Spezialitäten im Mittelpunkt. Das Bild *Am Weihnachtsabend* des schwedischen Malers Carl Larsson beschreibt die Vorfreude auf die reich gedeckte Tafel. Auf dem weißen Tischtuch warten neben dem festlichen Geschirr ganz besondere Leckerbissen auf die Weihnachtsgesellschaft. Zum »Julbord«, wie das weihnachtliche Buffet in Schweden heißt, gehören bis zu sechzig Speisen!

Dieses opulente Weihnachtsessen wurde in Larssons neuem Künstleratelier aufgebaut, einem weitläufigen Raum mit stilvollem Kamin und urigen Sprossenfenstern. So haben viele Menschen Platz, denn das Weihnachtsfest wurde nicht nur im engen Familienkreis, sondern von sämtlichen Haus- und Hofbewohnern gemeinsam begangen. Während sie erwartungsvoll um den Tisch herum stehen, sitzt der Großvater bereits zum Essen in einem bequemen Ohrensessel an einem Extratisch, wo ihm zwei Angehörige etwas servieren. Ein mächtiger Kerzenleuchter, der zwischen Essen, Trinken und dem prunkvollen Geschirr auf der weißen Tischdecke prangt, spendet das Licht für diese große Mahlzeit.

Davor fällt als kulinarischer Höhepunkt auf dem weihnachtlichen Buffet eine Platte mit dem großen, knusprigen Weihnachtsbraten ins Auge. Es ist der traditionelle Jul-Schinken, der »Julskinka«, gespickt mit einer imposanten Serviergabel. Diese Spezialität des Landes wird nur an Weihnachten aufgetischt. Dabei handelt es sich um einen gepökelten Schinken, der im Ofen gebacken, aber meist kalt gegessen wird. Dazu werden Apfelmus, Rotkohl und Backpflaumen sowie Roggenbrot, Kartoffelgratin oder Knödel gereicht. Das Bild rückt zudem die großen Krüge für das spezielle Weihnachtsgetränk in den Vordergrund. Das »Julöl« ist ein in Schweden extra für die Festtage gebrautes starkes Bier, das exotisch mit Zimt, Orangenschale, Nelken und Vanille gewürzt wird. Einladend hält die junge Frau links mit langer weißer Schürze und weißem Häubchen solch einen großen Bierkrug in ihren Händen. Dies ist die Magd Martina, die Larsson öfter Modell gestanden hat.

Mit seiner Frau Karin und ihren acht Kindern lebte der Maler im schwedischen Sundborn. Larsson schuf Ende des neunzehnten bzw. Anfang des zwanzigsten Jahrhunderts viele farbenfrohe Gemälde, Aqua-

relle und Zeichnungen, die das Leben mit seiner großen Familie in ihrem mit eigenen kunsthandwerklichen Objekten und Textilien ausgestatteten Haus dokumentierten.

FREUDE AUF DEN FESTTAGSBRATEN

Weihnachtsessen mit der Familie
ILLUSTRATION AUS DEM *LE PETIT JOURNAL*, 1907

Tatsächlich sind es meistens die Frauen, die den Festtagsbraten vorbereiten und ihn an den Tisch bringen, ob Hausfrau oder Angestellte. Dort soll ihn dann nach alter Tradition das männliche Oberhaupt der Familie anschneiden. Und die Tischgäste erfreuen sich an dem Festmahl, neben der Bescherung ein weiterer Höhepunkt an Weihnachten. Diesen besonderen Moment zeigt in humoristischer Weise die Illustration *Weihnachtsessen mit der Familie*, die Ende des Jahres 1907 in der Zeitschrift *Le petit journal* erschien.

Hier ist die Festtagstafel der Mittelpunkt einer typischen weihnachtlichen Familienfeier, mit der sich fast jeder noch heute identifizieren kann. Auch wenn es nur noch selten Hausangestellte mit weißem Häubchen gibt, die auf einer großen Servierplatte das knusprige Geflügel zum runden Tisch tragen.

Dieser Festtagsschmaus wird schon vom Familienoberhaupt erwartet, einem selbstbewussten Herrn mit feschem Schnurrbart und einer großen Serviette um den Hals. Er ist vom Tisch aufgestanden und winkt auffordernd mit dem Tranchierbesteck in der Hand wie ein Dirigent. Kein Zweifel, er wird die Ehre haben, diesen opulenten Braten für die Tischgesellschaft, etwa zehn Personen unterschiedlichen Alters, anzuschneiden. Links von ihm blickt auch seine Frau erwartungsfroh und legt sich voller Vorfreude ihre Serviette auf den Schoß. Ein weiteres, männliches Familienmitglied muss sich ducken, als die Fleischplatte über den Tisch gereicht wird. Die Frau links ist vom Geschehen etwas abgelenkt, denn sie hilft fürsorglich ihrem Kind beim Trinken, indem sie ihm das Glas führt. Einer der Männer schenkt einem anderen etwas Rotwein in sein Glas. Zwei Flaschen Wein sind auch im Vordergrund auf einem anderen Tisch zu sehen. Dargestellt ist eine typische gesellige Runde, bei der an Weihnachten ordentlich geprasst und geschlemmt wird.

GELIEBTER ENGLISCHER PLUM PUDDING

In Großbritannien und Irland ist der »Christmas Pudding«, der wegen seiner Trockenfrüchte wie Pflaumen auch als »Plum Pudding« bezeichnet wird, ein beliebtes weihnachtliches Bildmotiv. Diese besondere Spezialität darf dort zum Fest einfach nicht fehlen. So gibt es viele Szenen, wo der braune Pudding – es handelt sich eher um eine Art Serviettenkloß – im Mittelpunkt der Darstellungen steht, wie in Charles Robinsons Illustration *Der Plum Pudding* von 1906.

Auch dieses Bild zeigt das Serviermädchen, welches die Köstlichkeit auf einer großen Silberplatte ins Esszimmer trägt. Bei diesem »Pudding« handelt es sich nicht um das uns bekannte feine Dessert, das mit Milch angerührt wird, sondern um eine gehaltvolle, kompakte Speise, die ursprünglich als erster Gang der Mahlzeit gedacht war. Je nach individuellem Rezept mit Zitrusfrüchten, Mandeln, Nüssen und geriebenen Äpfeln und Möhren angereichert, wird der Plum Pudding allerdings mittlerweile an Weihnachten als süßes Dessert gereicht. Und auch wenn sich die Welt nicht einig ist, ob der Christmas Pudding eine geschmackliche Bereicherung ist, so möchte ihn doch kein Brite an diesem Fest missen.

CHARLES ROBINSON
(1870–1937)
Der Plum Pudding, 1906

ÜBERRASCHUNG!

Der besondere Clou beim Servieren des Christmas Puddings: Kurz bevor er auf den Tisch kommt, wird er mit Brandy übergossen und angezündet. Das Flambieren sieht natürlich sehr spektakulär aus. Es erzeugt einen außergewöhnlichen ästhetischen Effekt, der nicht nur die Kinder entzückt. Die Freude über diese exquisite Zeremonie illustriert im neunzehnten Jahrhundert das englische Gemälde *Lighting the Plum Pud*.

Am Beispiel der lebhaften Tischrunde einer Familie wird vom Künstler dieser Moment der Überraschung und die Begeisterung eingefangen. Mit großen Augen schauen vor allem die Kleinen auf das delikate Highlight der Weihnachtstafel oder deuten darauf. Während die Mutter in stillem Glück verharrt und der Vater sich einer der Töchter zuwendet, zeigen die anderen Kinder offen und aufgeregt ihre Freude. Ein kleiner Junge reißt begeistert die Arme hoch, wohingegen seine Schwester auf die bläulich züngelnden Flammen zeigt. Die Frau mit dem Häubchen der Angestellten beugt sich über die Jüngste und hält sie davon ab, in das Feuer zu greifen. Der Älteste gibt sich etwas zurückhaltender, hat aber die Hände erhoben, als wolle er Beifall klatschen. Das Weihnachtsessen ist ein voller Erfolg!

Lighting the Plum Pud
(19. Jahrhundert)

SIEBTES KAPITEL

Nun singet und seid froh

DIE LIEDER ZUM FEST

Mir klingt ein Lied in Ohren
Aus uralt heil'ger Nacht:
Ein Kindlein ward geboren,
Das hat uns Heil gebracht!

ERNST RAUSCHER

BILD VORHERIGE DOPPELSEITE:
EDWARD BURNE-JONES
(1833-1898)
Flageolett spielender Engel, 1878

BILD LINKS:
JAMES SANT
(1820-1916)
Das Duett
PRIVATSAMMLUNG

Kein Weihnachten ohne Musik! Auch hier stehen die Frauen in den Bildern im Mittelpunkt, mal als Sängerinnen, mal mit ihrem Instrument. Denn zumeist gehört es zum Ritual, dass am Heiligen Abend vor der Bescherung gemeinsam Lieder gesungen werden, die bekannten Weihnachtsklassiker wie *O du fröhliche*. Alle kennen sie, zumindest deren erste Strophe, und manche haben, wie *Schneeflöckchen, Weißröckchen*, längst nicht immer mehr unbedingt etwas mit der christlichen Botschaft zu tun haben. Ein bestimmtes Musikrepertoire gehört zum Fest unbedingt dazu.

IN DULCI JUBILO

Stilvoll fällt das Licht auf zwei hübsche, festlich gekleidete Sängerinnen mit ihrem Notenblatt. Diese Darstellung eines zarten Duetts wirkt sehr feierlich und sinnlich. Zum ungewöhnlichen, ovalen Bildformat fällt der kunstvolle, goldene Rahmen mit seinen reliefartigen Ornamenten auf. Dieses exquisite Werk stammt von dem britischen Künstler James Sant, einem bedeutenden Porträt- und Genremaler der Viktorianischen Zeit. Er konzentrierte sich bei der Darstellung der Sängerinnen auf die Oberkörper der jungen Damen im Licht hinter dem Notenblatt. Beide haben braunes Haar, das sie in strengen Frisuren tragen, glatt gescheitelt und am Hinterkopf mit kunstvollem Haarschmuck aufgesteckt. Die rote Blüte der Frau links korrespondiert farblich hervorragend mit ihrem grünen Kleid. Dieses Jägergrün wird in den Haarspangen ihrer Gesangspartnerin farblich wieder aufgenommen.

Die beiden Sängerinnen stehen dicht beieinander, damit sie gemeinsam auf ihr Notenblatt schauen können, das sie leicht mit den Fingerspitzen halten. Den Kopf über das Papier gebeugt, sind ihre Gesichter auf die Partitur konzentriert. Auffällig ist ihr heller Teint vor dem vagen dunklen Hintergrund. Ihre Wangen haben sich vor Aufregung gerötet, die roten Münder sind zum Gesang leicht geöffnet.

Welches Werk tragen sie wohl gerade vor?

HÖRT DER ENGEL HELLE LIEDER

Ja, die Weihnachtmusik wirkt meistens sehr feierlich oder sogar pathetisch. Ein Bild aus dem neunzehnten Jahrhundert beschreibt sinnlich die Wirkung dieser andächtigen Musik. Der Titel *Das Weihnachtslied* verweist auf solch weihnachtlichen Gesang, der gefühlvoll von einer Frau vorgetragen wird. Der englische Begriff *Christmas Carols* unterscheidet die elegischen kirchlichen Lieder von den populären.

Die blonde Frau, die am Klavier sitzt, befindet sich in einem wohlhabenden Haushalt, wo man sich offensichtlich solch ein teures Instrument sowie schöne Kleider und Schmuck leisten kann. Sie geht offenbar ganz in ihrer Musik auf, denn sie wirkt ziemlich entrückt. Ihr weites, fließendes Gewand scheint den sanften, poetischen Spielfluss ihres Vortrags noch zu unterstreichen. Ein kleines blondes Mädchen, wohl ihre Tochter, hört ihrem Spiel zu und schmiegt sich mit verträumtem Blick an sie. Zwar hat das Kind die Augen geöffnet, scheint innerlich aber ebenfalls weit entfernt zu sein. Dies muss am ergreifenden Klang der Musik liegen, die die beiden in andere Welten entführt. So hat das Bild etwas Schwärmerisches, die Frau und das Mädchen fühlen den Klängen nach. Die pastelligen Farben und geometrischen Muster auf dem Vorhang hinter ihnen erinnern an ein Kirchenfenster. Fast wirken diese beiden weiblichen Wesen wie zarte Weihnachtsengel – ein solcher ist im Hintergrund auf einem Bild im Goldrahmen zu sehen.

Das Weihnachtslied, 19. Jahrhundert

IHR KINDERLEIN SINGET

Neben klavierspielenden Frauen gibt es auch immer wieder Darstellungen von Frauen mit ihren Saiteninstrumenten. Diese junge Mutter sitzt mit ihren zwei kleinen Mädchen auf einer Couch und spielt Gitarre. Wahrscheinlich befinden sie sich zum Musizieren in einem Wintergarten, denn im Hintergrund des Salons ist kein Christbaum, sondern sind exotisch blühende Pflanzen zu entdecken.

Dem Bildtitel lässt sich entnehmen, dass sie sich Weihnachtsliedern widmen. Während die Mutter die Saiten zupft, singen die Kinder aus einem Notenheft. Das ältere der beiden Mädchen im rosa Kleid mit weißen Rüschen wirkt sehr ehrgeizig und konzentriert beim Singen. Aber auch das jüngere Kind im weißen Kleid, das neben ihr auf dem rosaroten Polster sitzt, schaut eifrig in die Noten. Ein kleiner Ball, mit dem sie wohl bis gerade gespielt haben, liegt nun unbeachtet auf dem Teppich vor ihnen.

Zwei kleine Mädchen singen Weihnachtslieder, begleitet von einer Gitarre spielenden Frau

VOM HIMMEL HOCH, O ENGEL KOMMT

Diese junge Frau singt selig zum Spiel auf ihrem alten Instrument ein Weihnachtslied. Das innige Porträt stammt von dem britischen Künstler Dante Gabriel Rossetti, einem Maler der Präraffaeliten, die eine Reform der Kunst anstrebten und für die Malerei der italienischen Renaissance schwärmten (daher der Namensbezug zu Raffael). Ebenso bewunderten sie Sandro Botticelli sowie die Maler des italienischen Trecento und Quattrocento und die deutschen Nazarener.

Rossetti war auch schriftstellerisch tätig und bezeichnete sich als »malenden Dichter«. Seine Gemälde muten aufgrund seiner mythologischen oder literarischen Figuren immer sehr poetisch an. Dieser Künstler galt als äußerst charismatisch und unkonventionell, schließlich entwickelte er sich zu einem exzentrischen Sonderling. In seinem Leben spielten einige Frauen, die er auch in seinen Werken verewigte, als seine Musen eine wichtige Rolle. Besonders seine letzten zwanzig Schaffensjahre waren geprägt von sinnlichen Frauenporträts wie diesem einer beseelten Sängerin. Sie entsprach Rossettis Schönheitsideal von Frauen mit rotem Haar und leuchtenden Augen. Er malte die Frau in einem goldenen Seidenmantel mit hellroten Details und schmückte sie mit einem schneckenförmigen, glitzernden Haarschmuck.

Auffällig ist auch das Umfeld, das aus einem goldgelben Hintergrund mit farbigen Blumenornamenten besteht. Neben dem Kopf der Musikantin hängt ein fast herzförmiger goldener Anhänger mit Madonna mit dem Kind. Das exotische Zupfinstrument, eine Art Lyra, erhoben, schaut diese Frau sinnend in die Ferne, die Lippen hat sie leicht zum Singen geöffnet.

DANTE GABRIEL ROSSETTI
(1828–1882)
Das Weihnachtslied, 1867
PRIVATSAMMLUNG

ACHTES KAPITEL

Am Weihnachtsbaum die Lichter brennen

EINE SCHÖNE BESCHERUNG

Wie schön geschmückt der festliche Raum!
Die Lichter funkeln am Weihnachtsbaum!
PETER CORNELIUS

Und als der heilige Abend war,
Da jubelt laut die kleine Schar,
Da strahlt der Christbaum hell von Kerzen
Voll Spielzeug und voll Zuckerherzen.
MÜNCHNER BILDERBOGEN

Die Familie (Christbaum)
AUS J. STAUBS BILDERBUCH.
ANSCHAUUNGSUNTERRICHT FÜR
KINDER, ZÜRICH 1916

ES WEIHNACHTET SEHR

Die Illustration einer *Familie am Christbaum* stammt aus Johannes Staubs Bilderbuch, das 1916 in Zürich veröffentlicht wurde. Sie beschreibt ein Weihnachtsfest vor gut hundert Jahren, das uns dennoch in dieser Art sehr vertraut erscheint. Zwar haben sich die Mode und die Geschenkkultur seit jener Zeit etwas geändert, aber nicht die Situation: Mehrere Generationen einer Familie haben sich um den Christbaum und den Gabentisch versammelt. Die beiden Elternpaare und die Großeltern feiern mit ihren Kindern Weihnachten. Das kleine Geschwisterpaar, das im Zentrum des Bildes vor dem runden Tisch mit den Präsenten steht, freut sich sichtlich über die Geschenke. Die blonde Frau im türkisfarbenen Festkleid beugt sich zu ihren Kindern hin, um dem Jungen als Spielzeug einen Säbel zu reichen. Der Junge, der bereits die Zügel seines neuen Schaukelpferdes festhält, schaut glücklich zur Mutter.

Die Weihnachtsgeschenke entsprechen den Geschlechterrollen: Der Junge soll reiten und darf eine Waffe führen, wohingegen das kleine Mädchen stolz auf ihre neue Puppe ist, die sie bemuttern kann. Links von den Kindern befindet sich die andere junge Familie. Da hält die Frau einen Säugling auf dem Arm, der sich interessiert im Weihnachtszimmer umschaut. Sie ist das mütterliche Vorbild für ihre kleine Tochter, die ebenfalls eine Puppe an sich drückt. Brav fasst sie nach der Hand des Vaters, der ihr zärtlich übers Haar streicht. Rechts sitzt die Großmutter im Sessel mit einer Katze auf dem Schoß und hat nachdenklich die Hand an die Wange gelegt – wie viele Weihnachtsfeiern hat sie wohl schon erlebt?

Die Bescherung,
ENGLISCHE WEIHNACHTSKARTE

O DU SCHÖNER WEIHNACHTSBAUM

Nur ein Kind kann vom Weihnachtszauber derart überwältigt sein! Das festliche Licht des Christbaums fällt auf eine Szene, wie sie sich von jeher Jahr für Jahr in vielen Familien abspielt. Die Eltern zelebrieren mit ihrer kleinen Tochter in ihrem feudalen Wohnzimmer ganz traditionell die Bescherung. Die Mutter kniet trotz edlem Kleid hinter ihrem Kind auf dem Teppichboden. So kann sie der Kleinen sehr nah sein, sie hält sie liebevoll im Arm. Ihr zärtlicher Blick fällt auf das Kind, das sichtlich von der Situation ergriffen ist. Erwartungsvoll hält sie dem Mädchen mit ausgestrecktem Arm als Geschenk eine dunkelhaarige Puppe im roten Kleid hin. Der Vater, der danebensteht, präsentiert der Kleinen einen hölzernen blauen Hampelmann. Er zieht ihn an dem Bändchen, um die Figur zu bewegen. Wie seine Frau ist auch er sehr gespannt auf die Reaktion seiner Tochter.

Doch die Kleine nimmt die Geschenke noch gar nicht richtig wahr, sie ist vor allem vom Weihnachtsbaum entzückt. Der ist groß und prächtig, dazu reich mit roten und blauen Kugeln, Perlengirlanden und allerlei Spielzeug geschmückt. Die brennenden Kerzen lassen die Tanne festlich erstrahlen. Fasziniert mag sich das Kind gar nicht daran sattsehen.

WELCH EIN JUBEL, WELCH EIN TRUBEL

An Weihnachten haben die Frauen wahrlich alle Hände voll zu tun. Besonders turbulent wird es zur Bescherung, wenn die Kinder vor Freude außer Rand und Band sind. Im ganzen Trubel reicht hier die Dame im rosa Kleid, vermutlich die Mutter, betont ruhig dem Kleinen auf dem Arm der großen Schwester ein Geschenkpaket. Neugierig hat das Kind die Arme danach ausgestreckt, während ein Mädchen, das danebensteht, gespannt zusieht.

Dass es hier recht laut zugeht, erkennt man an dem kleinen Kind im Vordergrund, das mit dem Rücken zum Tannenbaum vor den anderen lärmenden Kindern steht und sich entnervt die Ohren zuhält. So schlägt der Junge hinter ihm, begleitet von einem Trompeter noch dahinter, vergnügt auf seine Kindertrommel. Im Hintergrund bricht ein Junge in Begeisterungsrufe aus und reckt seine Arme hoch. Vor dem Weihnachtsbaum steht ein Mädchen mit langem, geflochtenem Zopf, um die Geschenkpakete zu begutachten, die neben den Strohsternen in den Ästen hängen. Am Baumständer liegt, momentan unbeachtet von den Kindern, eine Harlekinpuppe.

Die Illustration ist ein Schokoladenbildchen der Firma *Chocolat Suchard* und wirbt daher natürlich auch für ihre Produkte. So liegt im Vordergrund der turbulenten Szene ein großes rosa Paket mit dem entsprechenden Firmenschriftzug.

Weihnachtsabend
SCHOKOLADENBILDCHEN VON
SUCHARD, 19. JAHRHUNDERT

HEDWIG MECHLE-GROSMANN
(1857–1928)
Mädchen unterm Christbaum, um 1900
MUSEUM CAROLINO AUGUSTEUM, SALZBURG

SIND DIE LICHTER ANGEZÜNDET

Mit dem *Mädchen unterm Christbaum* verbildlichte die Malerin Hedwig Mechle-Grosmann um 1900 in einem entzückenden Werk den Zauber von Weihnachten. Die Künstlerin stammte aus Görlitz und lebte später in Ungarn, wo sie als Genremalerin und Porträtistin bekannt wurde und zwei Kinderbücher veröffentlichte. Die Malerin stellte hier eine weihnachtliche Szene mit zwei staunenden Mädchen in der Weihnachtsstube dar. Sie tragen festliche Kleider, das größere Kind dazu ein kunstvolles Haarband mit einer Schleife, das kleinere eine Haube.

Die Künstlerin wählte für ihr Bild eine interessante Perspektive. So gibt der weit geöffnete Vorhang den Blick frei auf die Mädchen sowie auf einen Teil des Gabentischs. Darauf steht mit seinen ausladenden Ästen der Weihnachtsbaum, darunter liegen rote Äpfel und ein Buch. Von der Tanne selbst ist eigentlich nicht einmal die Hälfte zu sehen, obwohl sie doch die Hauptrolle im Bild spielt. Der Blick des Betrachters wird aber aufgrund der Haltung der beiden Kinder, die andächtig nach oben schauen, genau dorthin gelenkt. Es geht also weniger um die Bescherung als um die Reaktion der Mädchen auf das wundersame Ambiente. So ist es rührend zu sehen, wie beeindruckt die Kleinen von dem Anblick des bunt dekorierten Christbaums wirken. Die Jüngere reckt den Kopf in die Höhe, während die Ältere nach oben zum Weihnachtsbaum zeigt, an dem die Kerzen erstrahlen.

WIE WUNDERSCHÖN DIE KERZEN LEUCHTEN

Besinnlich und ernst wirkt dieses kleine Mädchen im Weihnachtszimmer. Es steht seitlich am Tisch mit dem Christbaum und schaut gebannt auf die brennenden Kerzen. Dabei hält die Kleine eine Puppe in der Hand, die sie etwas angehoben und ebenfalls zu den Lichtern gedreht hat, um ihr den prächtigen Weihnachtsbaum zu zeigen. Die Puppe wirkt wie eine kleine Version des Kindes, denn wie dieses trägt sie ein weißes Kleid, das mit einem rosa Band geschmückt ist. Im Gegensatz zum verdunkelten Raum und den tiefgrünen Zweigen sind die weißen Kleider und die weiße Tischdecke, auf der der Christbaum steht, sehr hell und schimmern vielfarbig im Kerzenlicht. Der Lichtschein fällt auf das Gesicht des Kindes, das mit großen Augen völlig hingerissen den Weihnachtsbaum bestaunt.

Es handelt sich um ein vom Impressionismus inspiriertes Bild, das farblich exzellent diese magische Atmosphäre einfängt und die speziellen Lichteffekte betont. Angefertigt hat es Julian Alden Weir, der aus einer New Yorker Malerfamilie stammte. Nach dem ersten Unterricht beim Vater studierte er von 1873 bis 1877 in Paris, wo er den französischen Impressionismus kennenlernte, dem er anfangs eher skeptisch gegenüberstand. Doch dann konzentrierte auch er sich, wie hier, auf die Faszination von Lichteffekten, gleichzeitig interessierte er sich für das Verhalten und den Gesichtsausdruck des Kindes am Christbaum. Es handelt sich um ein Bildnis seiner damals sechsjährigen Tochter Carolin, die von allen Caro genannt wurde. Das ist das wunderbare Alter, in dem die Kinder vom Weihnachtszauber noch völlig gefesselt sind.

JULIAN ALDEN WEIR
(1852–1919)
Der Weihnachtsbaum, 1890
PRIVATSAMMLUNG

BESCHERUNG BEI FAMILIE CORINTH

Am Heiligen Abend 1913 besuchte der Weihnachtsmann die Kinder des Künstlerhaushalts Corinth in der Berliner Klopstockstraße 48. Aus den Aufzeichnungen ist bekannt, dass sich seine Frau, die Malerin Charlotte Berend-Corinth, dafür verkleidete. Diesen bizarren Auftritt mit langem Bart dokumentierte ihr Mann, der Künstler Lovis Corinth, in seinem Werk *Weihnachtsbescherung*. Oft porträtierte er seine Frau, sein liebstes Modell, doch hier ist sie im Hintergrund anhand der Kostümierung nur zu erahnen. Flott und farbenreich hielt der Maler noch am selben Weihnachtsabend diese private Familienszene fest.

Lovis Corinth gilt als deutscher Impressionist, war aber auch vom Expressionismus inspiriert. So gestaltete er in flächiger Malweise diese skizzenhafte Momentaufnahme. Aufgrund seines expressiven Stils, mit dem er spontan die Figuren und Gegenstände vereinfacht erfasste, ohne sie genauer auszuarbeiten, mag die Darstellung erst einmal vage und verwirrend anmuten.

Man muss also schon sehr genau hinschauen, um Einzelheiten auszumachen. Deutlich ins Auge fällt sofort der Christbaum rechts oben auf dem Gabentisch, dessen mit Kerzen und Baumschmuck versehene Äste fröhlich bewegt erscheinen. Doch ist der oft geschilderte zarte Lichterglanz hier kräftigen Farben und einer wilden Formgebung gewichen. Die Gabenbringerin hat ein Puppentheater mitgebracht, ein damals beliebtes Geschenk. Es wird von ihrem neunjährigen Sohn Thomas bewundert, der nur in Rückenansicht zu sehen ist. Seine vierjährige Schwester Wilhelmine, rechts im Vordergrund, trägt ein rosa Kleidchen und spielt mit den anderen neuen Geschenken. Offenbar hat sie schon eine große Puppe ausgepackt, die nun zwischen den Kindern steht und eine Schrittbewegung macht, als hätte sie ein menschliches Eigenleben. Corinth formiert mit breiten Pinselstrichen die bewegte Atmosphäre der weihnachtlichen Aktivitäten seiner Familie.

LOVIS CORINTH
(1858–1925)
Weihnachtsbescherung, 1913

NEUNTES KAPITEL

Wenn Wünsche wahr werden

ALLERLEI GESCHENKE

Am heilgen Christtagabend
Den Kindern man beschert,
Da ist denn eitel Freude
An Wägelchen und Pferd.
FRANZ GRILLPARZER

ALLE MEINE WÜNSCHE

Wünsche zu Weihnachten möchten festgehalten und mitgeteilt werden. Ein kleines blondes Mädchen schreibt daher seinen Wunschzettel. Gedankenverloren sitzt es am Tisch, die hintere Spitze des Füllfederhalters zwischen den Lippen. Auf der Tischplatte liegt der Briefzettel, auf dem schon die ersten Worte geschrieben stehen, unter dem Arm des Kindes befindet sich der Umschlag mit dem Schriftzug *To Santa Claus*.

Seit dem siebzehnten Jahrhundert gibt es solche handgeschriebenen und bemalten Wunschzettel, die um 1800 noch »Weihnachtsbriefe« hießen. Adressaten waren damals aber nicht der Weihnachtsmann oder das Christkind, sondern man richtete sie an die Eltern und Paten. Darin wurden noch keine materiellen Wünsche geäußert, sondern es handelte sich eher um eine Art Dankesbriefe mit frommen Inhalten und Bitten um Gottes Segen.

Zumeist wurden diese Briefe in Schönschrift unter Aufsicht Erwachsener angefertigt. Und oft waren es die Lehrer, die die Vorgaben für den christlichen Segenswunsch an die Eltern begleiteten. Erst seit 1880 zierten die Gabenbringer – ob der Weihnachtsmann mit seinem Geschenkesack oder das Christkind mit den Engeln – die Wunschzettel.

Seit Mitte des neunzehnten Jahrhunderts rückten schließlich die kommerziellen Gesichtspunkte in den Vordergrund. Gleichgeblieben aber sind der Wunsch nach den schönen Dingen und die Hoffnung auf deren Erfüllung sowie auf eine schöne Überraschung.

Kleines Mädchen schreibt einen Brief an Santa Claus
AMERIKANISCHE SCHULE,
19. JAHRHUNDERT

UND PACKT UNTER LACHEN AUS DIE SCHÖNSTEN SACHEN

So manche Überraschung wird durch frühe Neugier auch zerstört. Was herrscht in diesem Bild für eine Freude beim Kind, aber welches Entsetzen bei den Eltern! Diese Darstellung des Genremalers Ludwig Blume-Siebert, der auch für die *Gartenlaube* illustrierte, erzählt dem Bildbetrachter eine besondere Anekdote, die bis heute nicht an Aktualität verloren hat: In *Verfrühte Weihnachtsüberraschung* entdecken die Eltern, die gerade zu Tür hereinkommen, ihre kleine Tochter vergnügt bei den teils schon ausgepackten Geschenken. Dabei ist noch längst keine Bescherung! Das verrät auch der noch ungeschmückte Weihnachtsbaum im Hintergrund. Das Mädchen hat sich in Abwesenheit der Erwachsenen irgendwie Eintritt ins Weihnachtszimmer verschafft und freut sich unbändig über seinen Fund. So hat es schon einige Geschenkpapiere aufgerissen, weshalb auch das hölzerne Rad eines Spielzeugautos aus seiner Verpackung schaut. Doch besonders große Begeisterung löst bei dem Mädchen eine Puppe aus, die es hocherfreut den Eltern entgegenstreckt. Und diese Unbefangenheit macht es den Eltern schwer, ihm böse zu sein.

Tatsächlich ist das Kind noch so klein, dass es offenbar nicht erkennt, durch sein Handeln mit einem Ritual gebrochen zu haben. Denn das Töchterchen wirkt nicht etwa schuldbewusst, bei etwas Verbotenem erwischt worden zu sein. Stattdessen ist es sichtlich fröhlich und will sein Glück mit den Eltern teilen. Offenbar sind die Erwachsenen gerade erst von einem weiteren Einkaufsbummel zurückgekehrt, denn sie halten einige Päckchen in der Hand und tragen noch ihre Mäntel. Gleich beim Hereinkommen müssen sie gemerkt haben, dass ihr Kind im Weihnachtszimmer sitzt. Während die Mutter nun verblüfft und etwas erschrocken auf die Tochter schaut, die ihr das aus dem Geschenkpapier ausgewickelte Spielzeug zeigt, kann sich der Vater ein Schmunzeln nicht verkneifen.

LUDWIG BLUME-SIEBERT
(1853-1929)
Verfrühte Weihnachtsüberraschung,
um 1890

STILL, STILL, STILL, WEIL'S KINDLEIN SCHLAFEN WILL

Franz Skarbinas glanzvolles Bild *Berliner Weihnachtszimmer* aus dem Jahr 1892 zeigt eine hingebungsvolle kleine Puppenmutter am Heiligen Abend. Das Mädchen ist tief in sein Spiel versunken. Es steht im Vordergrund seitlich zum Christbaum im funkelnden Licht. Die neue Puppe in seinem Arm trägt ein langes weißes Hemd und erinnert an einen Säugling. Fürsorglich beugt die Kleine sich zu ihrem Puppenkind vor, das sie behutsam an die Brust drückt. Für den leuchtenden Christbaum hat sie daher im Moment keinen Blick, auch nicht für ihre anderen schick ausstaffierten Puppen, die hinter ihr auf kleinen Stühlchen auf dem Boden sitzen.

Aus dem Hintergrund spendet eine Lampe mit orangerotem Schirm etwas Licht und schafft eine heimelige Atmosphäre. Dagegen wirkt der Weihnachtsbaum auf dem Gabentisch in seinen Farben etwas diffus, sein Licht lässt die Details wie Kerzen und Christbaumkugeln im Tannengrün zu hellen Reflexen verschmelzen.

Das Gemälde des Berliner Malers Franz Skarbina ist deutlich inspiriert vom französischen Impressionismus. Als Vorbilder für dieses Werk dienten ihm Pierre-Auguste Renoir und Claude Monet, die ebenfalls oft Kinderbildnisse malten und solch interessante Lichteffekte schufen. Die ausgeklügelte Beleuchtung schimmert auf den weißen Stoffen der Kleider von Kind und Puppe sowie auf der Tischdecke.

FRANZ SKARBINA
(1849–1910)
Berliner Weihnachtszimmer, 1892
STADTMUSEUM BERLIN

STOLZE PUPPENMÜTTER

Mädchen lieben Puppen als Geschenk. Ist das nicht bis heute so? Die Puppe ist Begleiterin, Freundin und Trösterin und kann als Kindersatz bemuttert werden. In dieser Illustration aus der Reihe der Liebig-Bilder sind die Eltern mit ihren drei Kindern und deren Geschenken vor dem Weihnachtsbaum zu sehen. Die beiden Mädchen sind sichtlich stolz auf ihre Puppen. Das jüngste Kind, das mit seiner Trommel und einem Spielzeughäuschen auf dem Boden sitzt, streckt ebenfalls sehnsüchtig die Hand nach einer der Puppen aus. Das dunkelhaarige Mädchen hält ihre blonde Puppe im blauen Kleid hoch, ihre blonde Schwester hat im Gegensatz dazu eine dunkelhaarige Puppe in den Händen. So wirken die Puppen wie Spiegelbilder ihres jeweiligen Gegenübers. Eine Puppe trägt sogar einen feschen Hut zum Kleid, sie ist wohl zum Ausgehen bereit. Deshalb möchte die Kleine sie gleich in den Puppenwagen setzen, der zwischen den beiden Mädchen steht. Ob ihre Schwester den gleichen Gedanken hat? Es scheint, als wollten die Eltern zwischen den Mädchen vermitteln.

Illustration aus der Reihe der Weihnachtsbilder lagen früher den Produktpackungen von *Liebigs Fleischextrakt* bei. Diese kleinen informativen und amüsanten Bilder waren seit 1880 beliebte Sammelobjekte. Die attraktiven Bilderserien von eher unbekannten Künstlern mit je sechs Illustrationen zu unterschiedlichen Themen zählten zu den Werbeaktionen der Firma Liebig, bis 1914 handelte es sich um Chromolithografien, danach um Offsetbilder. Die Illustrationen, die bei ihren Kundinnen eine große Sammelleidenschaft auslösten, waren lehrreich und humorvoll: So behandelte eine Themenreihe auch die Weihnachtsbräuche. Neben den detailreichen Szenen befand sich immer auch das weiße Liebig-Glas mit auf der Darstellung.

Puppen zu Weihnachten,
19. JAHRHUNDERT

ZEHNTES KAPITEL

White Christmas

ZUR WEIHNACHTSZEIT IM SCHNEE

I'm dreaming of a white Christmas
With every Christmas card I write.
May your days be merry and bright
And may all your Christmases be white …

DER WINTER IST EINE FRAU

Wer hat auch nur geahnt, dass der Winter eine Frau ist! Der Pariser Maler, Zeichner und Kupferstecher François Boucher präsentiert uns als dessen Personifikation eine sehr vornehme Dame. Das mag verwundern, lässt doch der männliche Artikel »der« oder auch das alte Lied *Der Winter ist ein rechter Mann* von Matthias Claudius Gegenteiliges vermuten. Doch Boucher, der Hofmaler von König Ludwig XV., versinnbildlichte die kalte Jahreszeit als Frau. Als Hauptvertreter des französischen Rokoko stellte er voller Anmut und Grazie in mythologischen, allegorischen und erotischen Motiven die galante Welt des achtzehnten Jahrhunderts dar. Sein zauberhaftes Gemälde *Winter* gehörte zu einem Zyklus der vier Jahreszeiten und war als dekorativer Schmuck für die Wandfelder über den Türen des Schlosses der Madame Pompadour gedacht.

Boucher präsentierte den Winter in der Gestalt einer aparten Dame in einem pelzgesäumten Kleid, ihre Hände wärmt ein Muff. Die junge Frau sitzt auf einem komfortablen Schlitten, der – typisch für die Stilepoche Rokoko – vorn mit einem goldenen Schwan geschmückt ist. Geschoben wird er durch Schnee und Eis von einem Mann, der die Tracht der russischen Tartaren trägt. Doch steht im Mittelpunkt des Bildes die junge Dame, und sie sieht einfach hinreißend aus. Mit ihrem puppenhaften Gesicht schaut sie uns an, hat huldvoll leicht den Kopf geneigt. Die Schlittenfahrt scheint sie zu genießen. Würdig und weiblich, so mögen wir den Winter.

FRANÇOIS BOUCHER
(1703–1770)
Die vier Jahreszeiten: Winter, 1755
THE FRICK COLLECTION

PARISER WINTERFLAIR

Nicht nur auf dem Land, sondern auch in den Städten kann es sehr winterlich sein. Diese Dame kommt uns mitten in Paris mit einem Geschenk in der Hand entgegen. Was mag wohl in ihrem Paket drin sein? Es ist rechteckig, in schlichtes, aber edles Papier eingewickelt und mit einem hellrosa Band verschnürt. Vorsichtig geht die junge Frau, den Rock gerafft, über den vereisten Platz, denn es ist offenbar sehr glatt.

Bei diesem Winterwetter sind sowieso nur wenige Menschen unterwegs. Wegen der Kälte hat sich die junge Frau einen langen, warmen Schal um den Hals gewickelt. Sie befindet sich auf der berühmten Place de la Concorde, dem größten Platz in Paris. Er liegt im Herzen der Stadt und nicht weit entfernt von den Champs-Élysées, wo man auch gut Besorgungen machen kann.

Doch wahrscheinlich kommt sie gerade nicht vom Einkauf, sondern ist schon auf dem Weg zu einer lieben Person, der sie das Geschenk überreichen möchte. Für ihren Besuch hat sie sich nämlich sehr schick gemacht, die Haare kunstvoll aufgesteckt und sich geschminkt. Der rote Lippenstift leuchtet in der ansonsten weiß-grau-blauen Umgebung.

BILD RECHTS:
JEAN BÉRAUD
(1849-1935)
Pariser Frau auf der Place de la Concorde, um 1890
PRIVATSAMMLUNG

BILD LINKS:
MELA KÖHLER
(1885-1960)
Weihnachtskarte, um 1911

CARLTON ALFRED SMITH
(1853-1946)
Mistelzweige
PRIVATSAMMLUNG

WEIHNACHTSBESUCH – WER KLOPFET AN?

Die Weihnachtsbesuche führen auch oft durch die verschneite Landschaft. Da wird kein Weg durch Schnee und Eis gescheut, um eine liebe Person zu besuchen. In diesem Ölbild des britischen Künstlers George Sheridan Knowles hat eine winterlich schick gekleidete Frau solch einen Weg auf sich genommen. Offenbar begleitet sie ihr treuer Hund, der aufmerksam am Treppenabsatz steht. Die Dame klopft mit ihrem Präsentkorb am Arm an die Tür. Auch wenn der Treppenabsatz und der Eingang schneebedeckt sind, wirkt es nicht so, als hätte sie einen beschwerlichen Gang hinter sich. Voller Vorfreude lächelt sie. Ob sie erwartet wird? Wer mag ihr wohl die Tür öffnen und sie mit ihren Geschenken willkommen heißen?

GEORGE SHERIDAN KNOWLES
(1863-1931)
Weihnachtsfreude

LEISE RIESELT DER SCHNEE

Weiße Weihnacht ist aber nicht immer nur ein Vergnügen. Wenn die Frauen in dieser Zeit nicht zu Hause sind, werden sie unterwegs sein, um einen Besuch oder Besorgungen zu machen. Wie diese junge Dame in ihrem feinen Volantkleid, die trotz des unwirtlichen Wetters zu Fuß losgegangen ist, um etwas winterliches Grün in die Stube zu holen. Da wäre es im warmen Zimmer aber behaglicher. Stattdessen läuft sie draußen in der Kälte herum, möglicherweise ist es glatt, auch fällt sogar Schnee vom Himmel. Zum Glück aber hat die junge Frau einen Schirm dabei, aufgespannt schützt er sie vor der Nässe. So kommt sie immerhin einigermaßen trocken an ihr Ziel.

Unbeirrt geht sie mit ihrem grünen Pflanzenschmuck in der Hand durch die tanzenden Flocken. Ein flauschiger Muff wärmt sie. Doch sieht sie nicht gerade fröhlich aus, sondern wirkt eher bedrückt. Liegt ihr trüber Gemütszustand nur am Wetter? Oder grübelt sie über ihre weihnachtliche Dekoration nach? Vielleicht macht sie sich auch schon Gedanken über das kommende Weihnachtsfest. Farblich passend zu ihrem grünen Schirm hält sie einen Strauß grüner Zweige in der Hand – Grün steht sinnbildlich für die Hoffnung.

Wanderung durch den Schnee
VIKTORIANISCHE WEIHNACHTSKARTE,
UM 1880

AUS DEM WALD IN DIE WARME STUBE

Sich wie diese Frau bei Schnee und Eis das Brennholz für die Weihnachtszeit aus dem Wald holen zu müssen, ist wahrlich nicht leicht. Auch wenn auf uns diese Tätigkeit heute recht urtümlich oder vielleicht sogar romantisch wirken mag, handelt es sich um eine mühsame Plackerei. Doch trotz der harten Arbeit sieht die Frau richtig glücklich aus. Ihr Lächeln und der liebevolle Blick fallen auf das Kind, das mit seinen Wollsachen gut geschützt vor der Kälte vorn auf der mit ordentlich gestapelten Ästen vollbepackten Schubkarre sitzt. Wahrscheinlich sind beide froh, dass sie nun auf dem Weg nach Hause sind, und die Frau stellt sich schon das schöne gemeinsame Weihnachtsfest im Warmen vor, während das angezündete Holz knistert. Und davon wird nun auch dank des Ausflugs in den Wald genügend vorhanden sein.

LUDWIG BLUME-SIEBERT
(1853-1929)
Holz für das Weihnachtsfest

Der Genremaler und Illustrator Ludwig Blume-Siebert malte das anrührende Bild mit den beiden agilen und tatkräftigen Personen. Ihre Wangen haben sich in der Kälte gerötet, aber ach wie schön, die Arbeit ist fast vollbracht. Jetzt muss die Frau das Holz nur noch über den verschneiten Weg nach Hause bringen, um damit ihre Wohnung ordentlich einzuheizen – und Weihnachten kann kommen!

LOVE ON ICE

Zu den winterlichen Aktivitäten, die großen Spaß machen, zählt das Eislaufen. Und das natürlich nicht nur zur Weihnachtszeit. Zum Fest aber gehören in vielen Gemeinden die Schlittschuhbahnen unbedingt dazu. Heute werden sie zeitgleich zu den Weihnachtsmärkten oft sogar künstlich angelegt. Früher nutzten die Menschen mit Vorliebe dafür

FRANK DADD
(1851–1929)
Fröhliche Weihnachten
ILLUSTRATION AUS DEM
PEARS ANNUAL, 1907

die Eisflächen der zugefrorenen Gewässer. Schon lange sind Schlittschuhe nachweisbar, besonders in nördlichen Gegenden, wo die Niederländer Eisenkufen an ihren Holzschuhen befestigten, um damit über die zugefrorenen Kanäle zu gleiten. Viele Künstler malten dies schon im Barock. Es war zunächst nur der Adel, der sich das Schlittschuhlaufen als Freizeitvergnügen gönnte, später folgte das Bürgertum, und schließlich wurde es überall zum Volkssport.

Der britische Künstlers Frank Dadd schilderte 1907 eine heitere Szene mit verschiedenen Leuten aus der gehobenen Gesellschaftsschicht beim Schlittschuhlaufen und ihren Zuschauern. Neben der sportlichen Betätigung bietet dieses Freizeitvergnügen Mann und Frau die Möglichkeit, sich ganz unkonventionell einander anzunähern. Da gibt es vertrauliche Berührungen und vielsagende Blicke … So steht hier auf dem Eis ein Paar im Mittelpunkt, bei dem der gutgekleidete Herr ritterlich die Hand der Dame hält und sie sich bedeutsam anschauen. Rechts neben ihnen ist im Vordergrund des Bildes ein anderer Mann einer Dame beim Anziehen der Schlittschuhe behilflich. Während sie dafür sogar auf einem Stuhl auf der Eisfläche sitzt, kniet er vor ihr.

Manche der Eisläufer sind talentiert und sehr temporeich unterwegs, doch im Hintergrund ist auch ein Mann gerade gestürzt. Ungalant sitzt er nun auf dem Hosenboden, sein Zylinder fliegt vom Kopf. Farblich sticht aus dem Gemälde eine Frau heraus, die von einem jungen Mann in einem Schlitten übers Eis geschoben wird. Sie trägt einen roten, mit weißem Pelz abgesetzten Mantel und die dazu passende Mütze – und erinnert so an den Weihnachtsmann.

AUSWAHLBIBLIOGRAPHIE

Bernd Brunner: *Die Erfindung des Weihnachtsbaums*, Berlin 2011.

Christkind, Weihnachtsmann & Co – Kulturgeschichtliches zu den weihnachtlichen Gabenbringern, Clemens-Sels-Museum, Neuss 2007

Eugen Ernst: *Weihnachten im Wandel der Zeiten*, Stuttgart 2007.

Constanze Kleis: *Gebrauchsanweisung für Weihnachten*, München 2017.

Barbara Scheffran (Hrsg.): *Alle Jahre wieder … Die Geschichte vom geschmückten Baum*, Museum für Kunst und Kulturgeschichte Dortmund o. J.

Stephan Wahle: *Die stillste Nacht – Das Fest der Geburt Jesu von den Anfängen bis heute*, Freiburg im Breisgau 2018.

Ingeborg Weber-Kellermann: *Das Weihnachtsfest – Eine Kultur- und Sozialgeschichte der Weihnachtszeit*, Luzern und Frankfurt/Main 1978.

BILDNACHWEIS

akg-images: 25, 26, 32, 34, 44, 46, 64, 74, 81, 83, 97, 124, 130, 132, 141, 143.
Alamy Images: 69.
Bridgeman Images: 11, 16, 19, 28, 30, 42, 49, 52, 55, 57, 58, 61, 63, 71, 78, 85, 87, 95, 103, 106, 111, 117, 118, 129, 139, 145, 154, 157.
Shutterstock: 75, 76, 90, 116, 155.
Renaissance Books: alle übrigen Abbildungen.

ISBN 978-3-85179-444-1

Alle Rechte vorbehalten

© 2019 by Thiele Verlag in der
Thiele & Brandstätter Verlag GmbH, München und Wien
Bildredaktion: Johannes Thiele
Gesamtgestaltung: Christina Krutz, Biebesheim am Rhein
Umschlagbild: *Fröhliche Weihnachten* von Viggo Johansen (1891),
Hirschsprungske Samling, Kopenhagen (Bridgeman Images)
Druck und Bindung: Theiss, St. Stefan im Lavanttal

www.thiele-verlag.com